WIELKA KSIĘGA

ŻARTÓW DZIECIĘCYCH

WIELKA KSIĘGA
ŻARTÓW DZIECIĘCYCH

Peter Coupe

LIBER

Wydawnictwo K.E. LIBER
ul. Kolejowa 19/21
01-217 Warszawa
tel. (022) 862 38 22
tel./fax (022) 862 38 24
www.keliber.com.pl

Tłumaczenie: Dorota Ściepko
Rafał Lisowski

Published by Arcturus Publishing Limited, 26/27 Bickels Yard,
151-153 Bermondsey Street, London SE1 3HA
for Bookmart Limited
This edition published 2003

Projekt okładki: Piotr Dzierżanowski

Skład: PRO MEDIA
Druk: ABEDIK Poznań

Wydano w Warszawie 2004.

ISBN : 83-88170-77-5

SPIS TREŚCI

SKRZYŻOWANIA

Co wyjdzie ze skrzyżowania śpiewaka
z długą drabiną?

Ktoś, kto bez trudu osiąga wysokie dźwięki!

Co powstaje w wyniku skrzyżowania owcy
i centralnego ogrzewania?

Beeeloryfer!

Co powstaje w wyniku skrzyżowania
dinozaura z psem?

Tyranozaurus Rex!

Co powstaje w wyniku skrzyżowania
puddingu i krowiego placka?

Smrodliwy budyń!

Co powstaje w wyniku skrzyżowania
dużego komputera i hamburgera?

Big Mac!

Co wyjdzie ze skrzyżowania galaretki z samolotem?

Żelikopter!

Co powstaje w wyniku skrzyżowania
odbiornika radiowego i fryzjera?

Fale radiowe!

Co powstaje w wyniku skrzyżowania
wielkiej ilości pracy i krowiego placka?

Kupa spraw na głowie!

Co wyjdzie ze skrzyżowania goryla z ciężarówką?

Kong-tener!

Co powstaje w wyniku skrzyżowania
niemego barana i produkcji filmowej?

Milczenie owiec!

Co wyjdzie ze skrzyżowania psa z fryzjerem?

Szampudel

Co powstaje w wyniku skrzyżowania
fryzjera i wiadra cementu?

Trwała!

Co wyjdzie ze skrzyżowania kanapki
z McDonalda z karetką?

Hambulans!

Co powstaje w wyniku skrzyżowania
komputera i ziemniaka?

Mikro-czipsy!

Co powstaje w wyniku skrzyżowania
komputera i pająka?

Sieć www!

Co powstaje w wyniku skrzyżowania
papugi i budzika?

Poli-tyka!

Co powstaje w wyniku skrzyżowania
ogrodnika i przestępcy?

Ktoś, kto pójdzie za kwiatki!

Co powstaje w wyniku skrzyżowania
wampira i mumii?

Coś, czego nie chciałbyś rozwinąć!

Co powstaje w wyniku skrzyżowania
wampira i hydraulika?

Kran w szyi!

Co powstaje w wyniku skrzyżowania
sztuki Szekspira i 3 jajek?

Omlet!

Co powiesz, jeśli skrzyżujesz kurę i potwora?

Ale jaja!

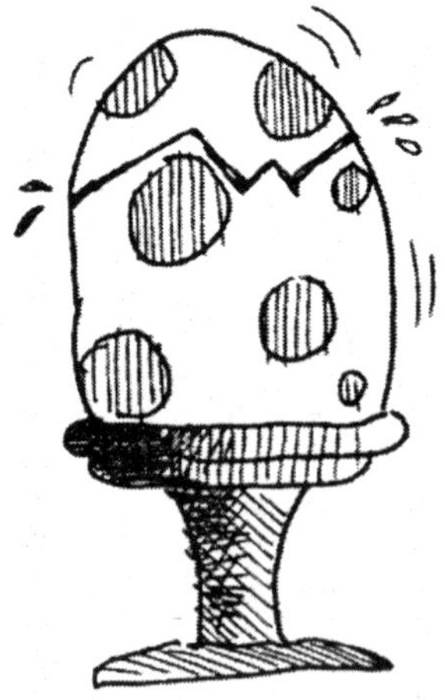

Jak nazywa się skrzyżowanie pączka i człowieka?

Donat!

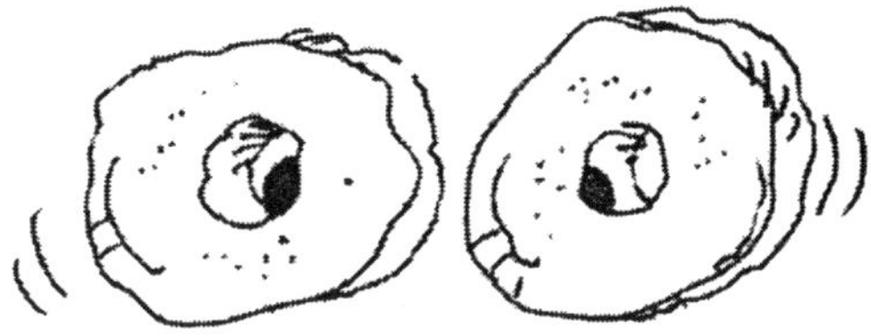

Co powstaje w wyniku skrzyżowania
drewna i komputera?

Miękkie deski!

Co wyjdzie ze skrzyżowania krowy z żółwiem?

Ciele w kasku!

Co powstaje w wyniku skrzyżowania zwierzęcia kopytnego i fryzjera?

Koński ogon!

Co wyjdzie ze skrzyżowania
węża z jeżem?

Drut kolczasty!

Co powstaje w wyniku skrzyżowania
krowy i maszyny do joggingu?

Koktajl!

Co powstaje w wyniku skrzyżowania gołębia pocztowego i dzięcioła?

Ptak, który puka zanim dostarczy wiadomość!

Co powstaje w wyniku skrzyżowania wspaniałego proszku do prania i szkieletu?

Śnieżnobiałe kości!

Co wyjdzie ze skrzyżowania dwóch stonóg?

Zamek błyskawiczny!

Co powstaje w wyniku skrzyżowania dyscypliny sportowej i silnika odrzutowego?

Rakieta tenisowa!

Co powstaje w wyniku skrzyżowania
skunksa i gumowych butów?

Cuchnące gumiaki!

SZPITAL

Przychodzi baba do lekarza:
– Panie doktorze, chyba zmieniam się w żabę!

– Spokojnie, w dzisiejszych czasach może temu zaradzić prosta hoperacja.

– Panie doktorze, jest do pana pacjent z drewnianą nogą o nazwisku Nowak.

– A jak się nazywa jego druga noga?

– Panie doktorze! Co mam robić,
gdy nie mogę zasnąć?

– Czy próbował pan liczyć owce?

– Tak, ale potem muszę wstać i wrócić do domu!

Przychodzi baba do lekarza:
– Panie doktorze, nie mogę przestać kraść rzeczy ze sklepów!

– Proszę brać dwie takie pastylki każdego ranka. A jeśli nie pomoże, proszę mi za tydzień przynieść discmana.

– Panie doktorze! Czy to możliwe, że istnieją tabletki poprawiające pamięć?

– Ależ oczywiście że istnieją! Ile by pan chciał?

– Ile czego?

Przychodzi baba do lekarza:
– Panie doktorze, te tabletki są z dnia na dzień coraz mniejsze!

– Owszem. Bo to są tabletki odchudzające.

Przychodzi baba do lekarza:
– Panie doktorze, ogromna osa ugryzła mnie w rękę.

– Zaraz dam pani na nią jakąś maść.

– Niech pan nie żartuje, przecież ona już dawno odleciała!

Przychodzi baba do lekarza:
– Panie doktorze, nikt nie zwraca na mnie uwagi.

– Następny proszę!

– Panie doktorze! Wydaje mi się, że zamieniam się w rybę...

– Proszę przejść się płynnym ruchem po pokoju!

Do lekarza przychodzi robotnik
z dwoma workami cementu.
– Po co pan przyniósł ze sobą dwa worki?

– A co? Dwa to za mało?

Pewien pechowiec w ciągu jednego miesiąca
aż pięć razy potrącony został przez samochody
i opatrywany jest po raz kolejny w pogotowiu.

Za szóstym razem mówi lekarzowi:

– **Mam tego dość! Kupuję samochód!**

Przychodzi żaba ze skarpetą na głowie do lekarza.
Lekarz się pyta:
– Co pani dolega?

– Nie żartuj sobie, to jest napad!

W środku nocy pielęgniarka w szpitalu
budzi pacjenta.
– Co się stało? Pyta zaspany chory.

– Zapomniał pan wziąć tabletki na sen!

Przychodzi baba do lekarza:
– Panie doktorze, wyrostek mi dokucza.

– Niech pani postraszy policją, to się odczepi.

Przychodzi baba do lekarza:
– Panie doktorze, za ile wyzdrowieję?

– Za parę tysięcy...

Dlaczego chirurg operuje w maseczce?

Żeby nie oblizywać noża!

– Panie doktorze! Moje chrapanie budzi mnie każdej nocy!

– Niech pan spróbuje spać w innym pokoju, wtedy nie będzie pan nic słyszeć!

Przychodzi baba do lekarza, a lekarz:
– Dziś kaszle pani o wiele lepiej niż wczoraj...

– Tak, panie doktorze, bo ja przez całą noc trenowałam!

Przychodzi baba do lekarza:
– Panie doktorze, nikt nie traktuje mnie poważnie.

– Żartuje pani!?

Przychodzi baba do lekarza:
– Panie doktorze, mam sklerozę.

– Od kiedy?

– Co od kiedy?

Przychodzi baba do lekarza:
– Panie doktorze, mam wodę w kolanach.

– A ja cukier w kostkach.

Przychodzi baba do lekarza:
– Panie doktorze, ugryzł mnie pies!

– A czy był wściekły?

– No, zadowolony to on nie był!

– Panie doktorze! Czy po operacji ręki
będę mógł grać na pianinie?

– Oczywiście, panie Kowalski!

– To wspaniale, bo dotychczas nie umiałem!

– Panie doktorze! Mam okropny kaszel!

– Może powinien pan nad nim trochę popracować?

– Panie doktorze! Czy da mi pan coś
na wypadanie włosów?

– Proszę, oto torba!

– Panie doktorze! Moja drewniana noga powoduje, że mam bardzo częste bóle głowy!

– Dlaczego?

– Ponieważ moja żona nie przestaje mnie nią bić po głowie!

Przychodzi garbaty do lekarza, a lekarz mówi:

– Co się pan tak skrada?

Pewien uczciwy lekarz na świadectwie zgonu,
w rubryce „przyczyna śmierci"
złożył swój podpis.

– Dzień dobry, panie doktorze,
jestem Napoleon Bonaparte.

– I uważa pan, że coś jest z panem nie w porządku?

**– Ależ ze mną jest wszystko w porządku,
gorzej z moją żoną. Ona twierdzi,
że nazywa się Kowalska.**

– Panie doktorze! Wydaje mi się,
że mam rozdwojenie jaźni!

– W takim razie muszę pana zbadać drugi raz!

Dentysta do pacjenta:

**– A teraz lojalnie uprzedzam pana,
że będzie bolało. Proszę mocno zacisnąć zęby
i szeroko otworzyć usta.**

Lekarz przegląda rentgenowskie zdjęcie
i ogromnie się dziwi.
– Pan ma zegarek w żołądku! Nie sprawia to panu
żadnych problemów?

– Jasne, że tak. Zwłaszcza przy nakręcaniu.

– Mam świetnego pacjenta,
cierpi na rozdwojenie jaźni...

– I cóż w tym świetnego? Banalny przypadek!

– „Obydwaj" mi płacą!

– Jakie ryby lekarze lubią najbardziej?

Grube sumy!

Przychodzi baba do lekarza:
– Panie doktorze, moja nowa posada w pralni jest taka męcząca...

– Tak mi pani właśnie wyglądała na wypraną z energii.

Panie doktorze! Wydaje mi się, że jestem statkiem, który zatonął. Bardzo mnie to martwi!

– Tak, zdaje się pan być wrakiem nerwowym!

Lekarz psychiatra do pacjenta:
– Zaraz, zaraz, nie rozumiem pańskiego problemu. Proszę zacząć od początku.

– A więc na początku stworzyłem Ziemię...

Umęczony klient żali się psychologowi:
– Od miesięcy prześladuje mnie koszmar.
Śni mi się, że ktoś ciągle za mną chodzi.

– Kim pan jest z zawodu?

– Przewodnikiem.

Przychodzi pół baby do lekarza:
– Co pani jest?

– Ba!

Psycholog do klienta:

– Muszę pana zmartwić. Pan nie ma kompleksów, pan naprawdę jest głupi.

Lekarz do lekarza:
– Mam dziwny przypadek. Pacjent powinien już dawno zejść a on zdrowieje.

Kolega:
– Tak... czasem medycyna jest bezsilna.

Profesor do początkującego lekarza:
– Przecież pana pierwszy pacjent wyzdrowiał, nie rozumiem więc, dlaczego jest pan zdenerwowany?

– Bo nie mam pojęcia, panie profesorze, co mu pomogło!

– Panie doktorze, czy ma pan coś na moje zęby?

– Tak, woreczek!

Przed operacją:
– Panie ordynatorze, czy będzie mnie pan osobiście operował?

– Tak, lubię przynajmniej raz na rok sprawdzić, czy jeszcze coś pamiętam.

– Ile sekcji przeprowadził pan na zwłokach, doktorze?

– Wszystkie moje sekcje były przeprowadzone na zwłokach!

– Panie doktorze! Nareszcie czuję, że jestem taki jak przedtem!

– Oj, może lepiej znowu zacznie pan używać tabletek!

– Czy zażył już pan całe pudełko, które panu przepisałem?

– Tak, panie doktorze.

– I czuję się pan lepiej?

– Nie, widocznie to pudełko jeszcze się nie otworzyło w żołądku.

W sali operacyjnej pielęgniarka zwraca się do lekarza:

– Panie doktorze, to już trzeci stół operacyjny, który pan zniszczył w tym miesiącu. Proszę nie ciąć tak głęboko!

– Jaka jest różnica między psychologiem a psychoanalitykiem?

– Taka sama jak między astronomem a astrologiem!

Psychiatra mówi do pacjenta:
– Mam dla pana dwie wiadomości: dobrą i złą.
Ta zła to, że ma pan Alzheimera.

– A ta dobra?

– Zapomni pan o tym, zanim pan wróci do domu!

Przychodzi kolega do kolegi i mówi:

– Jak sobie pomyślę, jakim jestem inżynierem, to aż boję się iść do lekarza!

Przed operacją chirurg pyta młodego pacjenta:
– Chłopcze, ile ty masz lat?

– Jutro skończę 18.

– Miejmy taką nadzieję!

– Panie doktorze! Wydaje mi się, że jestem wielką tabliczką czekolady!

– Ależ niech pan podejdzie i usiądzie, przecież pana nie zjem!

– Panie doktorze! Czy ta choroba jest zakaźna?

– Nie, ależ skąd!

– To dlaczego stoi pan na parapecie za oknem?

– W poczekalni oczekuje pacjent, który twierdzi, że odwiedził już wszystkich lekarzy w mieście – informuje siostra.

– A na co on się uskarża?

– Na tych lekarzy!

– Dlaczego wypisujesz do domu tego pacjenta spod ósemki? – pyta psychiatra psychiatry.

– Bo on już jest wyleczony! Wczoraj wyciągnął z basenu innego pacjenta, który się topił!

– Tak, ale potem go powiesił, żeby wysechł!

U lekarza:
– Panie doktorze, czy wyleczy mnie pan z bezsenności?

– Tak, ale najpierw trzeba ustalić i zlikwidować jej przyczynę.

– Lepiej nie. Żona jest bardzo przywiązana do naszego dziecka...

U dentysty w fotelu siedzi przerażony mężczyzna:
– Panie doktorze, jeszcze jedno pytanie.
Czy na pewno potrafi pan bezboleśnie
wyrwać zęba?

– No, nie zawsze. Tydzień temu, na przykład, podczas wyrywania zwichnąłem sobie rękę.

Baba mówi do lekarza:
– Ach, panie doktorze! Nigdy panu tego
nie zapomnę. Jestem panu winna życie!

– No, nie przesadzajmy, droga pani. Jest mi pani winna tylko za pięć wizyt!

Przychodzi baba do lekarza i mówi:
– Panie doktorze, z moim mężem coś nie w porządku. Ubzdurał sobie, że jest śnieżnym bałwanem. Stoi na podwórku z garnkiem na głowie i miotłą w ręku.

– Proszę go do mnie przyprowadzić.

Po godzinie baba wraca i mówi:

– Panie doktorze, nic z tego. Została z niego tylko kałuża wody, garnek i miotła!

Młodzian idąc przez wieś, zapytuje leciwą gospodynię:
– Babciu, jak tu najłatwiej trafić do szpitala?

– Powiedz mi jeszcze raz „babciu", to zaraz się tam znajdziesz!

Przychodzi baba do lekarza, a lekarz mówi:
– Co pani dolega?

– Mam bardzo słaby wzrok.

Na to lekarz:
– Proszę jeść dużo marchewek tak jak królik.

– Co? – zdziwiła się baba.

– No a widziała pani kiedyś królika w okularach?

Przychodzi baba do lekarza. Lekarz się pyta:
– Coś dawno pani u mnie nie było?

Baba:
– A bo byłam chora.

Przychodzi baba do lekarza:
– Powinna pani jeść dużo owoców
i to najlepiej bez obierania.

Baba dziękuje za diagnozę i zbiera się do wyjścia.

– A tak a propos, jakie owoce pani jada
najczęściej? – pyta lekarz.

– Orzechy.

Przychodzi baba do lekarza z telefonem na plecach,
a lekarz na to:

– Kto pani taki numer wykręcił?!

Przychodzi baba do lekarza z poparzonymi uszami.
Lekarz się pyta:
– Co się pani stało?

– Prasowałam, gdy zadzwonił telefon.

– A drugie ucho?

– Chciałam zadzwonić na pogotowie.

Przychodzi zezowata baba do zezowatego lekarza:
Lekarz:
– Pojedynczo proszę!

Baba:
– Ja do tego pod oknem!

Przychodzi baba do lekarza.
– No i co, czy pomogły pani te lekarstwa, które przypisałem na hemoroidy?

– Tak, pół na pół.

– Jak to?

– Te długie śliskie tabletki to jakoś połknęłam, ale tego kremu, co mi pan przepisał, to nawet z chlebem zjeść nie mogłam.

Przychodzi baba do lekarza z córką.

– Ania, stań prosto, żeby pan doktor zobaczył jaka jesteś krzywa.

Przychodzi baba do lekarza z kierownicą na plecach.
Lekarz mówi:

– Kto panią tu skierował?

Przychodzi baba do lekarza i mówi:
– Panie doktorze, wszyscy mówią mi,
że ja jestem nienormalna, bo lubię naleśniki.

– Ależ skąd, ja też lubię naleśniki – odpowiada lekarz.

– Och, to ja pana bardzo zapraszam,
mam całą szafę naleśników.

Przychodzi baba do lekarza z telewizorem na głowie i ekspresem do kawy w rękach.
Lekarz się pyta:
– Co pani jest?

– Teleexpress.

Przychodzi baba do lekarza z szybą w plecach.
Lekarz:
– Co pani jest?

Baba:
– Szybowiec.

Przychodzi baba do lekarza:
– Co pani przysparza kłopotów?

– Mój mąż, ale przyszłam do pana, bo mnie wątroba boli...

Przychodzi baba do lekarza z gwoździem w uchu.
– Co pani dolega ? – pyta lekarz.

– Słucham metalu!

Przywożą faceta z wypadku, przychodzi do niego lekarz i stawia obok łóżka zegarek, zamiast przystąpić do operacji.

– Panie doktorze, dlaczego pan nie operuje? – pyta pielęgniarka.

– Czas leczy rany – odpowiada zadowolony lekarz.

Przychodzi baba z dzieckiem do lekarza.

– Czy dziecko przechodziło odrę? – pyta lekarz.

– **A gdzie tam, panie, my zza Buga...**

Przychodzi baba do lekarza z piaskiem w zębach,
a lekarz pyta:

– Co pani jest?

– Glebogryzarka.

Przychodzi baba do lekarza
i już od progu wywija nogą.

– Co pani jest? – pyta się zdziwiony lekarz.

– Hulajnoga.

Baba umarła i nie przychodzi już do lekarza,
więc lekarz udaje się na jej grób.
Nagle słyszy zduszony głos:

– Panie doktorze, ma pan coś na robaki?

Przychodzi baba do lekarza:
– Panie doktorze, źle się czuję.

Lekarz zbadał babę:
– Niech pani codziennie rano na czczo wypija
jedno jajko.

– Panie doktorze, ale ja nie znoszę jajek.

– A kto je pani każe znosić?

Przychodzi baba do lekarza:
– Panie doktorze, mam wytrzeszcz, co robić?!

– Poluźnić warkocz!

Panie doktorze, łykam te tabletki, łykam, ale nie chudnę.

– To nie możliwe! A bierze je pani, tak jak kazałem, dziesięć razy dziennie?

– Oczywiście. Jedną po każdym większym posiłku.

Przychodzi baba do lekarza, a lekarz pyta:
– Ile ma Pani lat?

Ona na to:
– 62.

Lekarz się zamyślił, aż w końcu mówi:
– No, więcej nie będzie!

– Panie doktorze, mój mąż strasznie mnie obraził.

– I dlatego musi mnie pani budzić w środku nocy?

– Tak, bo teraz trzeba go będzie pozszywać.

Lekarz przegląda opis choroby pacjentki i mówi:
– Oj, nie podoba mi się pani, nie podoba...

– Pan, panie doktorze, też nie należy do najprzystojniejszych...

Przychodzi baba do lekarza, a lekarz biega wokół biurka.

Baba pyta:
– Co pan doktor robi?

– Bo ja jestem lekarzem okręgowym!

Przychodzi baba do lekarza i mówi:
– Panie doktorze! Jem tyle co wróbelek,
a jestem taka gruba!

Na to lekarz:
– Wie pani, ja słyszałem, że wróbelki dziennie jedzą tyle ile ważą...

Przychodzi baba do lekarza cała w muchach.

– Dlaczego pani do mnie przyszła? – pyta lekarz.

– Zostałam zmuszona.

Przychodzi facet do lekarza i mówi:

– Czy to prawda doktorze, że jeżeli ktoś umrze we śnie, to dowie się o tym dopiero rano?

Przychodzi baba do okulisty. Lekarz każe jej usiąść na fotelu i odczytywać literki. Ale kobieta nie jest w stanie odczytać ani jednej literki.

– Niestety, nie jest dobrze – mówi lekarz.

– E, tam! Ja po prostu czytać nie umiem.

Przychodzi baba do lekarza:
– Panie doktorze, często boli mnie gardło.

Lekarz obejrzał gardło i mówi:
– To tylko migdałki, wytniemy i po kłopocie.

– Panie doktorze, ale mnie jeszcze boli brzuch.

– To zapewne tylko wyrostek robaczkowy.
Wytniemy i po kłopocie.

– Panie doktorze...

– Coś jeszcze?

– Aż boję się powiedzieć... Mnie często boli głowa.

Otyła kobieta pyta się lekarza:
– Jakie ćwiczenia powinnam wykonywać, żeby schudnąć?

– Kręcić głową w prawo i w lewo.

– Ile razy?

– Zawsze, kiedy panią czymś częstują.

Przychodzi baba do lekarza i mówi:
– Panie doktorze mój mąż ma nerwicę.

– To nic strasznego, potrzebny mu jest tylko i wyłącznie spokój.

– No właśnie! Sto razy dziennie mu to powtarzam!

Przychodzi wielka baba do lekarza, a on na to:

Pani problem mnie przerasta.

Przychodzi baba do lekarza. Lekarz:
– Słucham, w czym mogę pomóc?

– Panie doktorze, zawsze kiedy coś powiem, to nikt mnie nie słucha.

– Słucham, w czym mogę pomóc?

Przychodzi baba do lekarza okulisty:
Lekarz:
– Proszę przeczytać tę największą literę na tablicy.

Baba:
– A gdzie jest ta tablica?

Baba słucha uważnie rad lekarza:
– Pani potrzebuje dużo kąpieli, świeżego powietrza, no i trzeba ubierać się ciepło.

Wieczorem opowiada mężowi co lekarz zalecił:

– Doktor powiedział, że najpierw mam wyjechać na Wyspy Kanaryjskie, potem w góry i koniecznie muszę kupić sobie futro.

Do okulisty w Katowicach przychodzi baba i mówi:
– Panie doktorze, z bliska źle widzę.

– A z daleka? – pyta lekarz.

– Z Koszalina.

Przychodzi kobieta do lekarza.
– Panie doktorze po nocach śnią mi się postacie z Gwiezdnych Wojen.

Lekarz:
– Kiedy to się zaczęło?

Kobieta:
– Dawno, dawno temu w odległej galaktyce!

SZPITAL

Przychodźi baba do lekarza:
– Panie doktorze, bardzo boli mnie brzuch!

– A co pani jadła?

– Puszkę śledzi.

– Czy były świeże?

– Nie wiem, nie otwierałam!

Przychodzi baba z zezem zbieżnym do lekarza:

– Co pani taka skupiona?

SZKOŁA

Nauczyciel: Kowalski, gdzie mieszkasz?

Kowalski: W Warszawie.

Nauczyciel: W której części?

Kowalski: **W całości.**

Kto wita cię co dzień na progu szkoły?

Wycieraczka!

Nauczyciel: Czy wiecie, że większość wypadków ma miejsce w kuchni?

Uczeń: **Owszem, ale i tak musimy to jeść.**

PIĘĆ DOBRYCH POWODÓW
ABY CHODZIĆ DO SZKOŁY:

1. Nawet szkolne obiady są lepsze od tego, co gotuje tata.
2. Ogrzewanie wyłącza się w domu o 9.
3. Uczysz się tam niezależności – poprzez robienie tego, co ci powiedzą!
4. Wypożyczalnię wideo otwierają dopiero o drugiej.
5. Uczysz się tam, jak będzie wyglądało życie, gdy już będziesz stary i zrzędliwy – obserwując nauczycieli na przerwie obiadowej.

Nauczyciel:
– Gdybyś miała pomnożyć 1345 przez 678, co byś otrzymała?

Marysia:
– Błędny wynik.

Lekcja w szkole w czasach paleozoiku. Nauczycielka wykuwa na kamiennej tablicy pytanie:
– Ile to jest 2+2?
Wzywa do odpowiedzi Jasia. Ten nie zna odpowiedzi i zastanawia się. Nagle słychać straszny huk i unoszą się tumany kurzu. Nauczycielka pyta surowo:

– Dzieci! Kto rzucił ściągę?!

Nauczycielka do Jasia:
– Przyznaj się, ściągałeś od Kasi!

– Skąd pani wie?

– Bo obok ostatniego pytania ona napisała: „nie wiem", a ty napisałeś: „ja też".

– Tato, czy nauczyciele dostają pensje?

– Oczywiście!

– To niesprawiedliwe! Więc dlaczego my – uczniowie – zawsze musimy odwalać za nich całą robotę?

Nauczycielka pyta Kasię:
– Kasiu, jak to się stało, że w końcu twoje wypracowanie jest bezbłędne?

– Akurat wtedy taty nie było w domu.

Nauczycielka polskiego:
– Zosiu, czy ktoś pomagał ci napisać ten wiersz?

Zosia:
– Nie, proszę pani.

Nauczycielka polskiego:
– Miło wreszcie pana poznać, panie Mickiewicz!

Mama tłumaczy Jasiowi:
– Trzeba być grzecznym, żeby pójść do nieba!

– A co trzeba zrobić, żeby pójść do kina?

Uczeń:
– Tfu! Te szkolne obiady zawsze smakują jak mydło!

Uczennica:
– Cóż, przynajmniej wiemy, że w kuchni jest czysto!

Na lekcji przyrody nauczycielka pyta:
– Jasiu, co wiesz o jaskółkach?

– To bardzo mądre ptaki. Odlatują, gdy tylko rozpoczyna się rok szkolny!

– Marysiu, jak myślisz, ile kosztowałaby para krokodylich butów?

– To zależy od wielkości stóp krokodyla, proszę pani.

– Krzysiu, masz tak straszny charakter pisma, że kazałam ci napisać 100 zdań – a ty napisałeś tylko 75!

– Przykro mi, proszę pani, z matematyką jest u mnie równie źle co z pisaniem.

Nauczyciel:
– Co myślisz o wakacjach?

Kowalski:
– Są wspaniałe! Nie muszę wtedy odrabiać prac domowych!

Nauczyciel:
– Zatem nie stanowią dla ciebie wielkiej odmiany.

– Michał, czy zająłeś dobre miejsce na wczorajszej klasówce z matematyki?

– Tak, proszę pana. Siedziałem przy kaloryferze, obok najlepszego ucznia w klasie!

Nauczyciel napisał w dzienniczku uczennicy:
– Pańska córka – Zosia – jest nieznośną gadułą.

Nazajutrz dziewczynka przyniosła dzienniczek z adnotacją ojca:

– To pestka, gdyby pan słyszał jej matkę!

– Tomek, co można poradzić na krótkie spięcie?

– Dodać trochę drutu, by je wydłużyć?

– Do czego nauczyciel muzyki potrzebował drabiny?

– By osiągać najwyższe dźwięki.

Na zakończenie roku szkolnego dyrektor zwraca się do uczniów:
– Życzę wam przyjemnych wakacji, zdrowia i żebyście we wrześniu wrócili mądrzejsi.

– Nawzajem – odpowiada młodzież.

– Czas do szkoły!

– Nie chcę iść do szkoły! Nikt mnie nie lubi i wszyscy mnie przedrzeźniają!

– Ale musisz iść – przecież jesteś wychowawcą klasy!

– Ilu nauczycieli matematyki zmieści się do pustego Malucha?

– Tylko jeden – bo potem już nie będzie pusty.

Nauczyciel:
– Jak się nazywa ptak, który nie buduje własnego gniazda?

Kowalski:
– Kukułka!

Nauczyciel:
– Brawo! Jak to odgadłeś?

Kowalski:
– Jak to, przecież każdy wie, że kukułki mieszkają w zegarach!

Kowalski:
– Proszę pana, rodzice prosili mnie, bym przekazał, że bardzo się cieszą z mojej ostatniej opisowej oceny!

Nauczyciel:
– Ale przecież napisałem tam, że jesteś kompletnym idiotą?

Kowalski:
– Ale po raz pierwszy się zdarza, że ktoś w naszej rodzinie jest w czymś naprawdę dobry!

– Panie władzo! Szybko! Tam za rogiem ulicy...
– wołają dwaj zadyszani chłopcy do
przechodzącego policjanta.

– Co się stało?

– Tam... nasz nauczyciel...

– Wypadek?!

– Nie... on nieprawidłowo zaparkował!

– Jak mówi się na człowieka, który wciąż mówi,
choć nikt go nie słucha?

– „Proszę pana".

W pewnej szkole pani od polskiego próbuje nauczyć Jasia poprawnej wymowy rozmaitych słów:
– Powiedz Jasiu „kura" – prosi na lekcji.

– No, kura – mówi Jasio.

– Nie mówi się „no, kura", tylko kura.

– No, „kura", przecież mówię – irytuje się Jasio.

– Ale powiedz Jasiu „kura" bez tego „no"
– nalega pani – Wtedy będzie poprawnie.

– „Kura" – wzdycha Jasiu.

– No!... – polonistka wpisuje piątkę do dziennika.

– Czy znasz chłopca imieniem Tomek Szafrański?

– Tak, śpi obok mnie na geografii.

W szkole nauczycielka zwraca się do ucznia:
– Jasiu, wymień jakiegoś ssaka łownego.

– No, na przykład myśliwy!

Na lekcji biologii nauczycielka pyta Stasia:
– Co to jest mamuthus primigenius?

Ponieważ Stasio nie odpowiada, pani mówi:
– To mamut, czyli prehistoryczny słoń.

– Coś podobnego! To jaskiniowcy umieli wynajdować takie uczone nazwy?

Grzesiek wraca ze szkoły. Już od progu woła:
– Mamo! Dzisiaj na matematyce tylko ja odpowiedziałem pani na pytanie!

– A o co pytała?

– Kto nie odrobił lekcji.

Matematyka mnie raczej nie interesuje – chodzę na lekcje tylko po to, by wymyślać różne numery!

– Kaziu, gdzie znajduje się Kanał Panamski?

– Nie wiem, panie profesorze,
w naszym telewizorze go nie ma.

– Moja siostra jest chora na szkarlatynę...
– oznajmia Kazio w szkole.
– To wracaj do domu, bo mi zarazisz całą klasę
– poleca wychowawczyni.
Po dwóch tygodniach Kazio pojawia się na lekcjach.

– I co, siostra wyzdrowiała? – pyta się nauczycielka.

– Nie wiem, bo jeszcze nie pisała...

– A gdzie ona jest?

– W Danii...

Jasio chwali się koleżance:
– Niedawno złapałem pstrąga takiego jak moja ręka!

– Niemożliwe, nie ma takich brudnych pstrągów!

Nauczycielka oddaje Adasiowi zeszyt z wypracowaniem domowym i mówi:

Same błędy! Znów niedostateczny!

Adaś mruczy pod nosem:
Biedny tata!

– Bolku, jak nazywał się Chrobry?

– Nie wiem.

– No, przecież tak jak ty!

– Nowak?!

– Dziś rano, wychodząc do szkoły, uderzyłem się głową w futrynę!

– Wdziałeś szkolną pielęgniarkę?

– Nie, tylko gwiazdy!

Nauczyciel kazał Jasiowi napisać 100 razy:
„Nie będę mówił TY do nauczyciela."
Na drugi dzień Jasio przyniósł zeszyt, w którym
to zdanie było napisane 200 razy.

– Dlaczego napisałeś 200 razy?
Kazałem tylko 100...

– Żeby ci zrobić przyjemność, bo cię lubię stary!

– W tym teście na każde pytanie będziecie mieli
po 15 minut.

– Ojej, to są chyba długie pytania...

– Kaziu, czy są jakieś zwierzęta, które nie słyszą?

– Owszem, panie profesorze, są i głuche...

Lekcja polskiego. Pani pyta się dzieci
kto był największym polskim wieszczem.
Nikt nie wie. Pani podpowiada:
– Ad...

Jasio:
– Adam!!! –Dobrze, a jak miał na nazwisko?

Cisza. Pani znowu podpowiada :
– Mi...

– Michnik!!!

Maciek:
W zeszłym tygodniu nasza nauczycielka odchodziła z szkoły, więc złożyliśmy się kupiliśmy jej butelkę wody toaletowej za 100 złotych.

Krysia:
No wiesz! Za 3 złote mogłam wam dać całe wiadro wody z mojej toalety!

Jakie zwierzę morskie zjada swe ofiary po dwie na raz?

Arka Noego?

– Mam nadzieję, że nie złapię cię na ściąganiu na klasówce!

– Ja też mam taką nadzieję, proszę pani!

Pani w szkole pyta Jasia:
– Czy wiesz, kto to jest: Mickiewicz, Słowacki, Norwid?

– Nie wiem. A czy pani, wie kto to jest Zyga, Chudy i Kazek?

– Nie wiem – odpowiada zdziwiona nauczycielka.

– To co mnie pani swoją bandą straszy?

Jasio dostał od cioci z zagranicy niezwykły upominek – aparat do wykrywania kłamstw. Nazajutrz wraca ze szkoły i od progu woła:
– Dostałem piątkę z matmy!

Aparat:
– Piiip!

Mama strofuje synka:
– Nie kłam! Bierz przykład ze mnie. Gdy chodziłam do szkoły, miałam same piątki!

Aparat:
– Piiip!

Ojciec dodaje:
– Bo wy macie teraz za dobrze i nie chce się wam uczyć. Gdy ja chodziłem do szkoły...

Aparat:
– Piiiiiiiiiiiiip!

Pani pyta dzieci:
– Powiedzcie mi dzieci jakieś zwierzątko na A.

Jasio wstaje i mówi:
– A może to karp?

– Nie Jasiu, siadaj. No dobrze, powiedzcie mi teraz zwierzątko na B.

Jasio na to:
– Być może to karp?

– Jasiu, za drzwi!

Jasio wychodzi.

– Powiedzcie mi teraz zwierzątko na C.

Nagle drzwi się otwierają i Jasio mówi:

– Czyżby to był karp?

– Jasiu, dlaczego Janosik okradał bogatych?

– Bo biedni nie mieli niczego, co warto by było ukraść.

– Twoja nauczycielka powiedziała, że jesteś okropny i nie mógłbyś mieszkać nawet ze świniami!

– A co ty powiedziałeś?

– Stanąłem w twojej obronie i powiedziałem, że owszem mógłbyś!

– Jasiu, czego dowiedziałeś się dzisiaj w szkole?

– Że inni mają większe kieszonkowe!

Na lekcji matematyki:

– Nowak, podaj liczbę dwucyfrową.

– 34.

– A jeśli przestawisz cyfry?

– Nie wiem.

– Siadaj. Kowalski, podaj liczbę dwucyfrową.

– 18.

– A jeśli przestawisz cyfry?

– Nie wiem.

– Jasiu, podaj...

– 33.

– Małgosiu, gdzie koronowano większość królów Polski?

– Nie wiem, proszę pani... Na głowie?

Jakie zwierzątko świetnie nadaje się dla małych dzieci?

Grzechotnik!

– Wojtek, co to jest żuraw?

– Ptak, który potrafi podnosić naprawdę duże ciężary?

Na lekcji religii zakonnica zadaje dzieciom taką zagadkę:

– Jest rude, ma puszysty ogon, skacze po drzewach i je orzechy. Co to?

Jasio się zgłasza i odpowiada:

– Na 99% jest to wiewiórka, ale jak znam siostrę, to może być Jezus...

– Słyszałeś o dwójce nauczycieli historii, którzy wzięli ślub?

– Tak, lubili siedzieć w domu i rozmawiać o dawnych czasach.

Dlaczego robot uczący gimnastyki nigdy nie chorował?

Bo miał żelazne zdrowie!

– Jasiu – pyta się pani – biorąc pod uwagę twoje lenistwo, jakim zwierzęciem chciałbyś być?

– Wężem.

– A dlaczego?

– Bo leżę i idę....

– Ten rysunek jest bardzo dobry – mówi nauczycielka do ucznia. – Przyznaj się kto ci go namalował – ojciec, czy matka?

– Nie wiem, ja już spałem.

– Robert, dlaczego lekarze i pielęgniarki
na sali operacyjnej noszą maski?

– Żeby nikt nie wiedział, kto popełnił błąd, proszę pani.

Przychodzi synek do domu ze świadectwem.
Ojciec ogląda i widzi same dwójki.
Syn stoi uśmiechnięty i czeka.

– Czego się śmiejesz, przecież tu są SAME jedynki?
– pyta ojciec i wyjmuje pasek ze spodni.

Synek na to:
– Spoko, tato, jeszcze tylko lanie i już wakacje.

– Jasiu, podaj przykład jakiegoś zbiegu okoliczności.

– Mój ojciec ożenił się i moja matka wyszła za mąż dosłownie w tym samym czasie.

Dlaczego Jasio wrzucił przed egzaminem zegarek do rzeki?

Bo chciał, żeby czas szybko płynął!

– Kasiu, powiedz mi, co wiesz o Morzu Martwym.

– Nie wiedziałam nawet, że chorowało, proszę pani...

Nauczyciel:
Kowalski, masz fotograficzną pamięć. Szkoda tylko, że niczego nigdy nie da się wywołać.

– Co trzeba zrobić, żeby iść do nieba?
– Pyta ksiądz na lekcji religii.

Dzieci kolejno odpowiadają:
– Trzeba pomagać rodzicom!
– ... być dobrym!
– ... chodzić do kościoła!

A Kazio woła:
– Trzeba umrzeć!

– Jaś nie może dziś przyjść do szkoły, bo ma grypę.

– A z kim rozmawiam?

– Z moim ojcem.

– Piotrek, przeliteruj: „pułapka na myszy".

– K. O. T.

Nauczyciel:
W jaki sposób powstrzymałbyś koguta
przed budzeniem cię o piątej rano?

Uczeń:
Zjadłbym go na kolację przed pójściem spać!

Nauczyciel:
Kowalski, dlaczego twoja praca domowa
jest napisana tym samym charakterem pisma
co praca domowa Nowaka?

Kowalski:
Bo pożyczyłem od niego długopis, proszę pana.

– Mamo, dziś na chemii uczyliśmy się
o materiałach wybuchowych!

– Tak, to bardzo ciekawe, a na którą jutro
idziecie do szkoły?

– Do jakiej szkoły?

– Basiu, jak długo żyją myszy?

– To zależy od kota, proszę pani.

Uczeń:
– Fuj! W mojej zupie jest mucha!

Kucharka:
– Nie martw się, pająk na twoim chlebie zaraz ją złapie!

– Jasiu, czy tata ciągle odrabia za ciebie lekcje?
– pyta pani nauczycielka.

– Nie, ta ostatnia pała go załamała...

Wychowawca:
Czy wiecie, ilu nauczycieli pracuje w tej szkole?

Uczeń:
Tak moim zdaniem to mniej więcej co czwarty.

Nauczycielka:
Monika, dlaczego spóźniłaś się dziś na lekcję?

Monika: Poszła mi guma w rowerze.

Nauczycielka: Najechałaś na szkło?

Monika: **Nie, proszę pani – na rozwidlenie dróg.**

– Proszę nie rozmawiać, gdy piszecie egzamin!

– Proszę pani, ale my nie piszemy, tylko rozmawiamy!

Nauczycielka:
Zosiu, dlaczego spóźniłaś się dziś do szkoły?

Zosia:
Za mocno wycisnęłam pastę do zębów i pół godziny zajęło mi włożenie jej całej z powrotem do tubki.

Na lekcji biologii Jaś mówi do nauczycielki:
– Proszę pani, co to jest za zwierzę: jest brązowe, ma wyłupiaste oczy i bardzo długie czułki?

– Nie wiem Jasiu, nigdy czegoś takiego nie widziałam.

– Teraz ma pani okazję. To coś chodzi pani po ramieniu.

– Jasiu, co to jest nieskończoność?

– Rok szkolny.

Nauczyciel:
Wymień dwie ciecze, które nie zamarzają.

Uczennica:

Kawa i herbata!

– Marku, czy akumulator 12V może zabić człowieka?

– Zależy z jakiej spadnie wysokości.

– Powtórzmy tabliczkę mnożenia – mówi ojciec do syna – na pewno wiesz, że dwa razy dwa jest cztery, a ile to będzie sześć razy siedem?

– Tato, dlaczego ty zawsze rezerwujesz dla siebie łatwiejsze przykłady?!

– Krzysiu, jakie zęby pojawiają się u człowieka najpóźniej?

– Sztuczne, proszę pani.

– Czy nie powinieneś najpierw umyć rąk, zanim zaczniesz grac na pianinie?

– Nie, proszę pani, ja gram tylko na czarnych klawiszach!

– Marku, co otrzymamy, dzieląc osiem na pół?

– To zależy, jak podzielimy: jeżeli pionowo, to dwie trójki, jak poziomo, to dwa zera.

– Kowalski, jak możesz udowodnić, że ziemia jest okrągła?

– Ale ja wcale nie mówiłem, że jest, proszę pani!

– W której ze stoczonych przez siebie bitew zginął Władysław Warneńczyk?

– W ostatniej, proszę pana.

Jaka jest różnica pomiędzy żabim skrzekiem a zupą w szkolnej stołówce?

Skrzek był kiedyś ciepły...

Kazio na koniec roku szkolnego
spotyka Jasia i pyta:
– Dostałeś czerwony pasek na koniec roku?

– Nie, ale mam czerwony ślad po pasku...

– Od dziś będziemy liczyli na komputerach!
– oznajmiła nauczycielka.

– Wspaniale! Znakomicie!! – cieszą się uczniowie.

– No to kto mi powie, ile będzie pięć komputerów dodać dwadzieścia jeden komputerów?

– Jakie ryby najbardziej lubią matematycy?

– Sumy.

– Stasiu, dlaczego jesz nożem?

– Bo mój widelec przecieka!

Na lekcji polskiego:
– Jasiu, powiedz nam, kiedy używamy wielkich liter?

– Kiedy mamy słaby wzrok!

Mama pyta Jasia:
– Jaka jest ta wasza nowa pani od fizyki?

– Bardzo fajna! Już drugi raz tej zimy złamała nogę!

Na lekcji biologii nauczyciel mówi do uczniów:
– Małpa przez tydzień zjada tyle bananów, ile waży.

Kowalski:

– A skąd ona wie, ile waży?

Przybiega Jasio na stację benzynową z kanistrem:
– Dziesięć litrów benzyny, szybko!

– Co jest? Pali się?

– Tak, moja szkoła. Ale trochę jakby przygasa.

Pani od biologii prosi Tomka:
– Tomku, wymień mi 5 zwierząt mieszkających w Afryce.

Tomek: **2 małpy i 3 słonie!**

Franka będzie kiedyś wspaniałym astronomem!
Bardzo dobrze idzie jej gapienie się godzinami w przestrzeń!

– Jasiu! Umyj ręce przed wyjściem do szkoły!

– Dlaczego? Przecież nie będę się zgłaszać!

– Pawle, dlaczego na obiad w stołówce zawsze zjadasz dwa talerze zupy i drugiego dania?

– Bo, proszę pani, bardzo ważne jest, by mieć wyważoną dietę!

– Jasiu, masz dziś bardzo dobrze odrobione zadanie – mówi nauczycielka.

– Czy jesteś pewien, że twojemu tacie nikt nie pomagał?

Pani na lekcji biologii pyta:

– Jasiu, powiedz mi, ile pies ma zębów.

– Pies – odpowiada Jaś – ma cały pysk zębów.

Nauczyciel:
Bartek, jak nazywa się starożytny brytyjski instrument muzyczny?

Bartek:
Anglo-saksofon?

Nauczyciel:
Jakie dowody możemy przytoczyć na to, że palenie jest szkodliwe dla zdrowia?

Asia:
Wystarczy popatrzeć na to, co się stało ze wszystkimi smokami!

Nasza nauczycielka mówi sama do siebie, czy wasza też?

Nie, nasza myśli, że jej słuchamy!

Dlaczego kanapka z serem w stołówce szkolnej jest włochata?

Ponieważ kucharz upuścił ją na podłogę, a potem wytarł o swój sweter!

Dlaczego szkolna stołówka zatrudniła dentystę?

– Aby przygotowywać bardziej wypełniające posiłki!

– Jak szybko podróżuje światło?

– Nie mam pojęcia, proszę pani, już było gdy się obudziłem!

Nauczyciel:
Kowalski, dlaczego pismo w twoim wypracowaniu jest identyczne z pismem Wiśniewskiego?

Kowalski:
Bo pożyczyłem od niego długopis.

Nauczycielka pyta się dzieci, jakie zwierzęta mają w domu. Uczniowie kolejno odpowiadają:

– Ja mam psa.

– Ja kota.

– U nas są rybki w akwarium.

Wreszcie zgłasza się Jasio:

– A my mamy kurczaka w zamrażarce!

– Mamo, ile jest pasty do zębów w tubie?

– Nie mam pojęcia, syneczku.

– A ja wiem! Od telewizora do kanapy!

– Dlaczego ciągle spóźniasz się do szkoły?
– pyta nauczycielka Jasia.

– Bo nie mogę się obudzić na czas.

– Nie masz budzika?

– Mam, ale on dzwoni wtedy gdy śpię.

Jasiu, jeśli powiem:
„Jestem piękna", to jaki to czas?

– Czas przeszły, proszę pani!

Mama mówi do Jasia:
– Patrz Jasiu, jaki piękny las!

– Mamo, nie widzę, te drzewa mi zasłaniają.

– Jasiu, czy umyłeś już uszy?

– Nie, ale jeszcze słyszę!

– Kowalski, gdyby nie dwie rzeczy, mógłbyś dołączyć do szkolnej drużyny piłkarskiej.

– Jakie rzeczy?

– Twoje nogi!

– Wiesz, mamo, Grzesio wczoraj przyszedł brudny do szkoły i pani go za karę wysłała do domu!

– I co, pomogło?

– Tak, dzisiaj cala klasa przyszła brudna.

– Dlaczego uważa pani, że mój syn, Marcin, zawsze chodzi na wagary?

– Marcin? U nas w szkole nie ma żadnego Marcina!

– Jasiu, czy twój ojciec nie pomaga ci już w odrabianiu lekcji?

– Nie, ta ostatnia dwója z matematyki zupełnie go załamała.

W szkole pani kazała narysować dzieciom swoich rodziców. Po chwili podchodzi do małego Jasia i pyta:

– Dlaczego twój tata ma niebieskie włosy?

– Bo nie było łysej kredki.

Nauczyciel:
Jaka jest różnica pomiędzy koniem a słoniem?

Uczeń:
Koń nie wygląda jak słoń!

Jaki jest ulubiony przedmiot węża?

Hissssstoria!

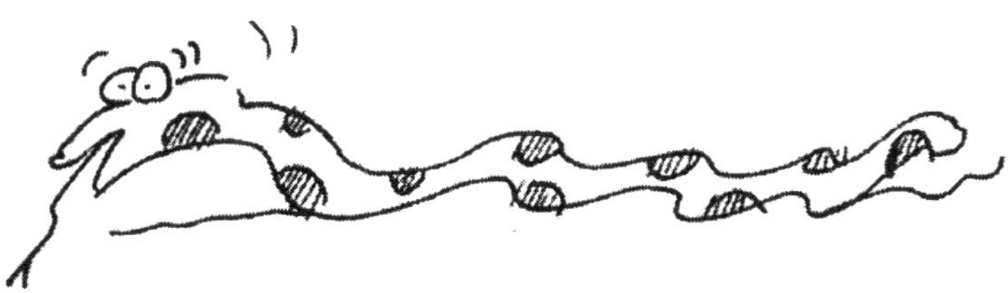

– Kowalska, wydaje mi się, że twój ojciec pomagał ci odrobić tę pracę domową!

– Nie, proszę pani, całą zrobił sam!

– Jasiu, dlaczego masz w dyktandzie te same błędy co twój kolega z ławki?

– Bo mamy tego samego nauczyciela od języka polskiego.

Nauczyciel:
Dzisiaj razem postaramy się odnaleźć najmniejszy wspólny mianownik.

Uczeń:
To jeszcze go nie odnaleziono? Mój tata mówił, że kiedy był w szkole, też go szukali!

– Jasiu – pyta nauczyciel – Jaki to będzie przypadek, gdy powiesz „lubię nauczycieli"?

– Bardzo rzadki, panie profesorze.

Jasio zza drzwi łazienki woła do mamy:
– Mamo! Jaką koszulkę mam dzisiaj założyć?

– Z krótkim rękawkiem, a czemu pytasz?

– Bo nie wiem dokąd mam umyć ręce.

– Jasiu, dlaczego płaczesz?

– Bo śniło mi się, że szkoła się paliła.

– Nie płacz, to tylko sen!

– Właśnie dlatego płaczę!

– Powiedz, czy dalej od nas są położone Chiny czy Księżyc? – pyta nauczyciel.

– Panie profesorze, myślę, że jednak Chiny.

– A na jakiej podstawie tak sądzisz?

– Bo Księżyc już widziałem nieraz, a Chin jeszcze nigdy!

– Jasiu, jaka to część mowy: „małpa"?

– Jest to czas przeszły od rzeczownika człowiek!

Do apteki wpada blady, drżący chłopiec:
– Czy ma pani jakieś środki przeciwbólowe?

– A co cię boli chłopcze?

– Jeszcze nic, ale ojciec właśnie ogląda moje świadectwo.

– Asiu, powiedz mi, kiedy najbardziej lubisz szkołę?

– Podczas wakacji, proszę pani.

– Tomku, powiedz mi, co to jest woda.

– Woda to jest bezbarwna ciecz, która staje się czarna, gdy włoży się do niej ręce!

Jasio pyta tatę:
– Czy potrafisz podpisać się z zamkniętymi oczami?

– Potrafię.

– To świetnie. Trzeba podpisać się kilka razy w moim dzienniczku.

Nauczyciel:
Kto to jest hipokryta?

Bartek:
Hipokryta jest to uczeń, który twierdzi, że lubi chodzić do szkoły.

– Synku, kiedy poprawisz dwójkę z matematyki?

– Nie wiem, mamusiu, nauczyciel nie wypuszcza dziennika z rąk.

– Co myślisz o pierwszym dniu szkoły?

– Pierwszym?! Masz na myśli, że muszę tam wrócić jutro?!

– Jeśli przekroisz ziemniaka na pół, otrzymasz dwie połowy. Jeśli przekroisz ziemniaka na cztery części, otrzymasz cztery ćwiartki. A co otrzymasz, przekrawając ziemniaka na 16 części?

– Frytki!

– Jasiu – mówi pani nauczycielka – czy wierzysz w życie pozagrobowe?

– Nie. Dlaczego?!

– Bo przed szkołą stoi twój dziadek, na którego pogrzeb zwolniłeś się wczoraj z lekcji.

– Robercie, dlaczego lekarze i pielęgniarki noszą maski podczas operacji?

– Aby nie wiadomo było, kto to był, jeśli się pomylą!

Zapłakany Jasio przychodzi do domu. Matka pyta co się stało, a Jasio na to:

– Spóźniłem się do szkoły i dla mnie zostało najgorsze świadectwo!

– Jasiu, dlaczego spóźniłeś się na lekcję?

– Bo użądliła mnie pszczoła.

– Pokaż!

– Nie mogę!

– Usiądź!

– Też nie mogę!

Na lekcji biologii pani pyta się Jasia:
– Co to jest?

– Szkielet.

– Czego?

– Zwierzęcia.

– Ale jakiego?!

– Nieżywego!

Mama pyta Jasia:
– Dlaczego masz mokre włosy?

– **Bo całowałem rybki na dobranoc!**

– Jasiu, dlaczego Robin Hood okradał bogatych?

– Ponieważ biedni nie mieli nic wartego ukradnięcia!

– Czy miałeś jakiekolwiek problemy ze swoim francuskim podczas podróży do Paryża?

– Nie, ale Francuzi tak!

– Kowalski, dlaczego ptaki odlatują na zimę na południe?

– Ponieważ to za daleko żeby iść!

– Co robił ptak w bibliotece szkolnej?

– Szukał moli książkowych!

Jasio spóźnia się na lekcję.

Nauczycielka pyta go:
– Dlaczego się spóźniłeś?!

Jasio odpowiada:
– **Proszę pani, myłem zęby, to już się więcej nie powtórzy!**

Gdzie ścinano zdrajców?

Zaraz powyżej ramion!

Oddam psa w dobre ręce. Je wszystko.
Lubi dzieci.

Dlaczego głowa nauczyciela miała 28 centymetrów?

Bo jakby miała 30, to byłaby nogą!

– Gosiu, czy sama napisałaś ten wiersz?
Tak, proszę pani.

– No popatrzcie, a ja myślałam, że Słowacki był mężczyzną!

– Wojtku, jeśli miałabym 12 parówek w jednej ręce i 15 parówek w drugiej, to ile parówek miałbym razem?

– Nie mam pojęcia, proszę pani, jestem wegetarianinem!

– Na wycieczce szkolnej krab ugryzł mnie w palec!

– Który?

– Nie mam pojęcia, wszystkie kraby wyglądają tak samo!

UFOLUDKI

– Co jest zielone i robi bardzo dużo hałasu?

– Marsjanin-perkusista.

– Co powinieneś zrobić, gdy zobaczysz zielonego ufoludka?

– Poczekać aż dojrzeje!

Ekspedycja naukowa ufoludków wylądowała na ziemi w celu ustalenia, skąd pochodzi człowiek. Badaniom naukowym została poddana papuga oraz punk Franek. Po kilku dniach dowódca ufoludków melduje do bazy:

– Ludzie są w błędzie myśląc, że pochodzą od małpy. Ustaliliśmy, że pochodzą od papugi!

– Nie wiem, co kupić na urodziny mojemu koledze-kosmicie...

– Może 5 par kapci?

– Kiedy wiesz, że w twoim domu jest kosmita?

– Gdy w ogródku zaparkowany jest statek kosmiczny!

– Co jest gorsze od znalezienia dwunastonożnego wenusjańskiego mega-robala w swoim jabłku?

– Znalezienie połowy dwunastonożnego wenusjańskiego mega-robala w swoim jabłku!

– Co kosmici topią w rzece w pierwszy dzień wiosny?

– Mars-rzannę!

– Co ufoludki robią z ludźmi w statkach kosmicznych?

– Ustawiają w spiżarni – trzymają jedzenie w puszkach na nieprzewidziane okazje!

– Dlaczego Marsjanin nie zorganizował imprezy urodzinowej na Księżycu?

– Nie było atmosfery!

– Kto był pierwszy na Marsie?

– Marsjanie!

– Co muzycy z kosmosu zapisują na pięciolinii?

– Astronutki.

Ufoludek do ufoludka:
– Patrz, jakaś nieznana planeta! Rzuć na nią okiem.

I ten drugi rzucił...

– Co nauczyciel dał na drugie śniadanie potworowi z kosmosu?

– Klasę IV B!

– Co się daje choremu kosmicie?

– Paracetamars!

– Po czym wiadomo, że Saturn jest bogaty?

– Po ilości pierścieni!

– Dlaczego ufoludki są przyjazne dla środowiska?

– Ponieważ są zielone!

– Dlaczego kosmita kupił kalkulator kieszonkowy?

– Żeby policzyć, ile ma kieszeni!

– Dlaczego ufoludki mają po siedem palców
u każdej ręki?

**– Ponieważ
w przeciwnym
razie dwa palce
każdej rękawiczki
byłyby puste!**

– Dlaczego mali kosmici lubią chodzić do szkoły na księżycu?

– Bo tam wszystkie przedmioty są lżejsze.

– Dlaczego ufoludki nigdy nie są głodne w kosmosie?

– Ponieważ zawsze wiedzą, gdzie znaleźć Marsa!

– Jak daleko jest z Ziemi do najbliższego sklepu dla kosmitów?

– Tysiąc lad świetlnych!

– Dlaczego astronauci nie mogli wylądować na księżycu?

– Bo był pełny!

– Dlaczego kosmita nacierał swój spodek octem?

– Żeby go zakonserwować!

– Jak kosmici dają swoim córeczkom na imię?

– Marsysia!

– Która strona statku kosmicznego przelatuje najbliżej planet?

– Zewnętrzna!

– Co dzieci kosmitów robią w Halloween?

– Chodzą od domu do domu przebrane za ludzi!

– Dlaczego statek kosmiczny idioty nie mógł podróżować z prędkością światła?

– Ponieważ wystartował, gdy było ciemno!

Złapał programista złotą rybkę i poprosił, by spełniła jego trzy życzenia:

– Po-pierwsze, chce pokoju na całym świecie.

Rybka na to:

– Przykro mi, za trudne, inne poproszę.

– No to niech Windows 95 się nie zawiesza.

– Dobra już, może być pokój na całym świecie.

– Na kogo w wyborach głosują roboty?

– Na Blaszka Millera!

– Jak należy komunikować się z kosmitami w kosmosie?

– Trzeba bardzo głośno krzyczeć!

– Gdzie kosmici trzymają ryby złowione na innych planetach?

– W planetarium!

– Kiedy wiesz, że w twojej lodówce znajdował się robot?

– Gdy w maśle są ślady!

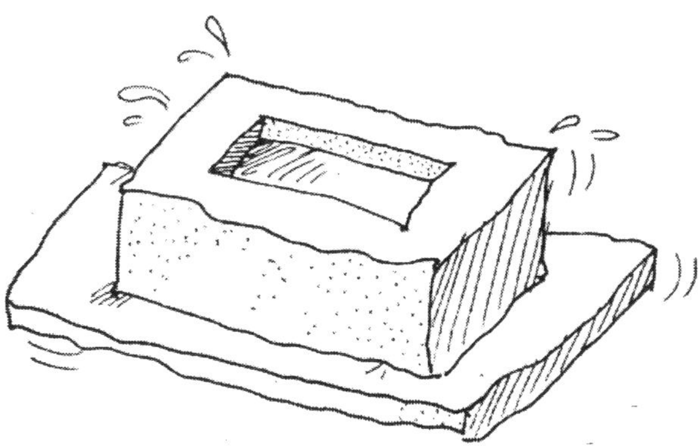

– Dlaczego kuchnie ufoludków zawsze są w nieporządku?

– To z powodu latających spodków!

– Gdzie można czasem w kosmosie usłyszeć muzykę?

– Gdy przelatuje się obok gwiazdy popu!

– Gdzie można kupić kosmitów?

– W sklepie z zieleniną!

– Jaki jest ulubiony program telewizyjny kosmitów?

– Randka w ciemno – to jedyny sposób, by mogli zdobyć ziemską dziewczynę!

– Co kosmici dodają do ciasta?

– Mars-epan!

– Jaki sprzęt sportowy posiada każdy kosmita?

– Rakietę tenisową!

– Jak nazywa się girlsband z kosmosu?

– Space Girls!

– Do jakiej dyscypliny sportowej najbardziej nadaje się kosmita?

– Piłki ręcznej, piłki ręcznej, piłki ręcznej...

– Gdzie ufoludki trzymają ryby zabrane z innych planet?

– W planetarium!

– Twój syn byłby wspaniałym pilotem rakiety!

– Dlaczego tak sądzisz?

– Ponieważ pomiędzy uszami nie ma nic oprócz przestrzeni!

– Co mówi kosmita do pompy na stacji benzynowej?

– Wyjmij palec z ucha, gdy do ciebie mówię!

Marsjanin:
– Strzeż się, Ziemianinie! Mógłbym zjeść całą twoją planetę!

Kowalski:
– A ja wczoraj zjadłem całego Marsa!

– Dlaczego stalowe roboty mają tyle przyjaciół?

– Bo mają bardzo magnetyzującą osobowość!

– Jakie przekąski są uwielbiane przez komputery?

– Ram-burgery!

Przychodzi komputer do lekarza.
– Co panu dolega?

– A coś mi się tu miga!

STRASZNE

– Dlaczego szkielety nie są dobre w kłamaniu?

– Bo można je przejrzeć na wylot!

– Jak nazywa się przerażająca, koścista kreatura, chwiejąca się na boki i wydająca dziwne, zawodzące dźwięki?

– Supermodelka nagrywająca płytę!

– Dlaczego duchy nie wychodzą w dzień?

– Boją się ludzi!

– Dlaczego wampir poszedł do Czerwonego Krzyża?

– Aby zjeść śniadanie!

– Mamo, mamo, a kto to jest wampir?

– Cicho bądź i jedz zupę, bo się skrzepnie!

– Mamo, mamo, kto to jest wilkołak?

– Cicho bądź i uczesz twarz!

– Mamo, mamo, wyjdę na chwilę coś zjeść.

– Dobrze, tylko przed północą masz być w swojej trumnie!

– Co powiedział potwór, gdy wampir poprosił o rękę jego córki?

– Dobrze, my zjemy resztę!

– Co powinieneś założyć na siebie, gdy wybierasz się z wampirem na obiad?

– Metalowy kołnierz!

– Co leży na dnie morza i się trzęsie?

– Wrak nerwowy!

– Dlaczego szkielety tak łatwo się przeziębiają?

– Ponieważ przemarzają do szpiku kości!

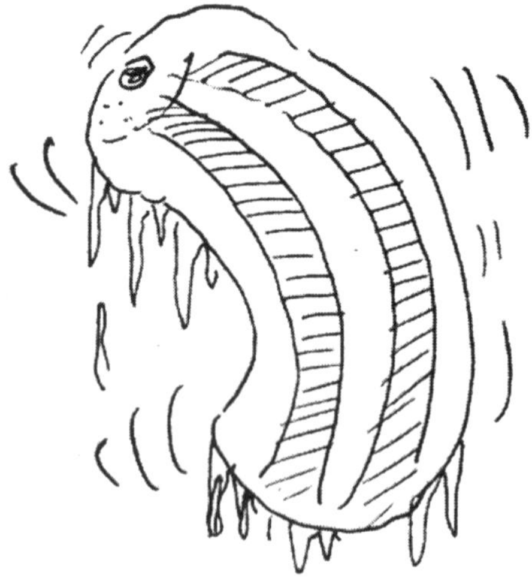

– Co robi mumia, by poprawić swoje szanse na znalezienie pracy?

– Rozwija się!

– Dlaczego wilkołak wyszedł z domu w pełnię księżyca?

– Bo jego lekarz powiedział, że zmiana dobrze mu zrobi!

U dentysty mama prosi Jasia:

– A teraz bądź grzeczny i powiedz ładnie "aaa", żeby pan doktor mógł wyjąć palce z twojej buzi.

– Tato, znalazłem babcię!!!

– Tyle razy Ci mówiłem, żebyś nie kopał dołków w ogródku!

– Jak dostrzec potwora morskiego?

– To ten z falistymi włosami!

– Gdzie wampiry lubią jeździć na wakacje?

– Nad Morze Martwe!

– Dlaczego wampir na kanapkach umieścił keczup?

– Bo był wegetarianinem!

– Co otrzymasz, jeśli zastrzelisz wilkołaka srebrną kulą?

– Bardzo interesujący dywanik!

– Jak potwory nazywają bardzo przeludniony basen?

– Zupa!

– Mamo, mamo, nie lubię mojego wujka Freda!

– No to zostaw go na talerzu i zjedz chociaż frytki!

– Gdzie duchy chodzą na zakupy?

– Do buuuuuu-tików!

– Dlaczego niektóre duchy malują się w białe i czarne pasy?

– Żeby mogły straszyć ludzi na przejściach dla pieszych!

– Gdzie jest niewidzialny człowiek?

– Nie mam pojęcia, nigdy go nie widziałem!

– Jaka jest różnica pomiędzy duchem a ciastkiem z kremem?

– A próbowałeś kiedyś umoczyć ducha w herbacie?

– Dlaczego potworowi dokończenie gazety zajęło tyle czasu?

– Nie był głodny!

– Dlaczego nigdy nie powinno się uciekać biegiem, gdy goni nas wilkołak?

– Ponieważ lubi on szybkie przekąski!

– Co ma 50 nóg?

– Pół stonogi!

– Jakie dinozaury
są najbardziej
przerażające?

– Terror-daktyle!

– Dlaczego szkielety piją dużo mleka?

– Bo wiedzą, że wapń jest dobry dla kości!

– Gdzie wampiry trzymają swoje oszczędności?

– W bankach krwi!

– Dlaczego marynarka szkieletu była
cała w strzępach?

– Ponieważ miał on bardzo ostre łopatki!

Potwór Frankensteina poszedł na spacer do lasu
i tam zatruł się grzybami. Doktor Frankenstein
po wyjęciu mu starego żołądka i wszczepieniu
nowego, przestrzega go:

– Następnym razem jak pójdziesz do lasu,
masz jeść tylko te grzyby, które znasz!

– Ale ja znam tylko muchomory!

Do laboratorium doktora Frankensteina przychodzi Batman. Kładzie przed nim szczątki ciała ludzkiego i mówi:

– To był Robin. Proszę go jakoś poskładać i przywrócić do życia, a z tego co zostanie, niech pan zrobi małego nietoperza.

– Co robią duchy jak się czegoś przestraszą?

– Chowają się pod prześcieradło!

– Skąd szkielet wie, że będzie padał deszcz?

– Po prostu czuje to w kościach!

– Dlaczego Drakula był chory po ugryzieniu stacji dysków?

– Bo złapał wirus komputerowy!

– Dlaczego nigdy nie powinno się dotykać ogona potwora?

– Ponieważ jest to koniec potwora, a może także i twój!

– Kiedy wiesz, że pod twoim łóżkiem znajduje się straszny potwór?

– Nigdy – dlatego jest on taki straszny!

– Zjedz brukselkę, doda ci kolorów na policzkach!

– Ale ja nie chcę zielonych policzków!

– Ile szkieletów można umieścić w pustej trumnie?

– Tylko jednego – potem trumna nie jest już pusta!

– Jak nazwać wampira z nadwagą?

– Dra-KULA!

– Jak powstrzymać atakującego cię wilkołaka?

– Rzuć mu patyk do złapania!

Krasnoludki idą przez las. W pewnej chwili widzą,
jak wilk napada na Czerwonego Kapturka.
– Pomóżmy tej dziewczynce! – mówi jeden z nich.

– Dlaczego? Przecież nie jesteśmy z tej bajki!

– Dlaczego szkielety zabierają ze sobą psa,
jeśli jadą nad morze?

– Potrzebują kogoś, kto zakopie je w piasku!

– Jak nazwać potwora z siekierą wbitą w głowę?

– Nijak, to normalne u potworów!

– Dlaczego potwory krzyżują ryby z dłońmi?

– Aby móc jeść paluszki rybne z frytkami!

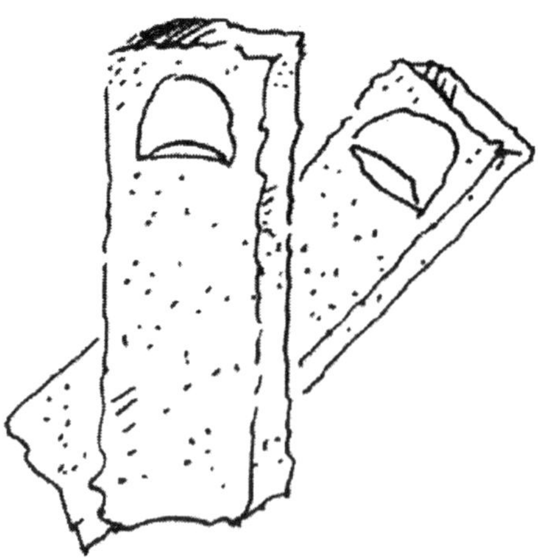

– Mamo, mamo, czy cytryna ma nóżki?

–Nie Jasiu, a dlaczego pytasz?

– To chyba wycisnąłem kanarka do herbaty...

Na ulicy Kowalski pyta przechodnia:
– Jak trafić do fryzjera?

– Pójdzie pan prosto, potem skręci w lewo, a dalej poprowadzą pana ślady krwi na chodniku.

W nocy facet idzie przez cmentarz
i napotyka innego faceta. Mówi:
– Zawsze boję się chodzić po cmentarzu nocą.

Nieznajomy odpowiada:
– Też się bałem, kiedy żyłem.

– Co powiedział policjant do trzygłowego potwora?

– Dzień dobry, dzień dobry, dzień dobry!

Przylatuje wampir do swoich kolegów
cały we krwi i mówi:
– Widzieliście tą krowę na polu?

– Tak.

– To już jej nie ma.

Przylatuje drugi też cały we krwi i mówi:
– Widzieliście tą dziewczynę na ławeczce?

– Tak.

– To już jej nie ma.

Przylatuje trzeci cały we krwi i mówi:
– Widzieliście ten słup obok ławeczki?

– Tak.

– A ja nie widziałem!

Zdenerwowana kobieta biega po plaży z synkiem, aż w końcu zwraca się do dziecka:

– Teraz przypomnij sobie, w którym miejscu byłeś, gdy zacząłeś zakopywać tatusia!

– Dlaczego wampirowi tak trudno rozstać się z każdą pustą butelką?

– Bo lubi szyjki!

Wpada Jasio do kuchni i woła od progu:
– Mamo, mamo, Tatuś się powiesił na poddaszu!

Mama biegnie na strych, a na to Jasio spokojnie:
- Prima apirilis...

Matka oddycha z ulgą, a Jasio kończy:

– Tata się powiesił w piwnicy!

– Tato, dlaczego pies sąsiadów już nie szczeka?

– Nie pyskuj smarkaczu, jedz co ci przygotowałem!

Dzieci miały przynieść do szkoły rożne przedmioty związane z medycyną.
Małgosia przyniosła strzykawkę, Kasia bandaż, a Basia słuchawki.

– A ty co przyniosłeś? – pyta nauczycielka Jasia.

– Aparat tlenowy!

– Tak...? A skąd go wziąłeś?

– Od dziadka.

– A co na to dziadek?

– Eeeech... cheeee...

– Jasiu, nie obgryzaj paznokci! – krzyczy mama.
– Jasiu!, powtarzam nie obgryzaj paznokci.
– Jasiu, ile razy mam powtarzać, nie obgryzaj babci paznokci bo zamknę trumnę!!!

Klient pyta fryzjera:
– Czy będzie mnie pan golił tą samą brzytwą co wczoraj?

– Tak.

– To poproszę o narkozę!

– Tatusiu, dlaczego my tak późno przyszliśmy do tego sklepu na zakupy?

– Nie gadaj tyle, piłuj kłódkę...

–Jak nazywa się przerażający miś?

– Puuuuuchaaaaatek!

– Mam dla państwa dwie wiadomości: dobrą i złą
– mówi kapitan spadającego samolotu.
– Dobra to ta, że już naprawiamy uszkodzenia
i wszystko będzie dobrze.

– A zła? – pytają pasażerowie.

– Zła to ta, że dobrą sam sobie wymyśliłem.

– Mamusiu, to jajko jest nieświeże.

– Jedz, nie gadaj!

– Mamusiu, czy nóżki i dziobek też?

Idzie dwóch facetów przez most i niosą bombę.
W pewnej chwili jeden pyta się drugiego:
– Ty, a jak nam ta bomba wybuchnie?

– Nie martw się, mam drugą.

Dwa wampiry posprzeczały się o najlepsze sposoby przegryzania gardeł.

Po paru minutach kłótnia się zaostrzyła i przestały.

Kowalski poszedł do fryzjera ogolić się. Zajął się nim młody praktykant, zacinając Kowalskiego niemiłosiernie.

– Ja też poproszę o brzytwę – woła Kowalski.

– Chce się pan sam ogolić?

– Nie, chcę się bronić!

– Czego najbardziej nie lubią wilkołaki?

– Gdy traktuje się je jak psa!

Turysta do bacy:
– Baco, czy można tu gdzieś kupić części zamienne do samochodu?

– Zaraz za wioską jest ostry zakręt nad urwiskiem, a części leżą na dole...

Pewien wampir przyszedł do kolegi wampira z awanturą i tak mu ubliżał, że tamten go wykopał!

Przychodzi baba do lekarza, bez ręki i bez nogi.

– Co się pani stało?

– A..., bo założyłam się z mężem o nogę, że mi ręki nie wyrwie.

– Jakich potraw nie lubią wampiry?

– Ostrych!

Przy stole rodzinka zjada w ciszy i skupieniu obiadek.
Nie rozmawiają ze sobą ze względu na to,
żeby nie robić przykrości synkowi, który od urodzenia
nic nie mówi.
W pewnej chwili synek zatrzymuje rękę z widelcem
w pół drogi do ust i mówi:
– A gdzie kompocik?

W tym momencie rodzina znieruchomiała
z zaskoczenia.
Po dłuższej chwili mamusia wykrzykuje
przez łzy szczęścia:
– Synku! Odezwałeś się, przecież ty nic nie mówiłeś!

A synek:
– No, ale zawsze był kompocik!

JAK NAZYWA SIĘ...

– Co to jest: chodzi po ścianie i świeci?

– Mucha ze złotym zębem!

– Co to jest: chodzi po ścianie i tupie?

– Mucha z nogą w gipsie!

– Co to jest: wisi na ścianie i śmierdzi?

– Zegar z zepsutą kukułką!

– Co to jest 10 000 kalorii?

– 5 000 tiktaków!

– Jak nazywa się cotygodniowy program telewizyjny o ludziach, którzy się myją?

– Opera mydlana!

– Jak nazywa się człowiek z dwiema lewymi nogami?

– Nazwij go jak chcesz, jeśli spróbuje cię złapać, i tak będzie biegał w kółko!

– Co to jest medycyna?

– Jest to nauka, która pomaga choremu znaleźć się na tamtym świecie!

– Jak się nazywa jajko z pozytywką?

– Jajko muzykant!

– Jakie rośliny uprawiają górale?

– Ogórki!

– Co to jest: żółte i kopie?

– Banan karateka!

– Jaki jest najlepszy środek na łysienie?

– Środek głowy!

– Co ma zęby, ale nie może jeść?

– Grzebień!

– Co ma cztery nogi, ale nie chodzi?

– Stół!

– Czym się różni samochód od krowy?

– Jak samochód nawali to stoi, a jak krowa nawali to pójdzie!

– Jak nazywa się pies, który nieustannie wdaje się w walki?

– Bokser!

– Co to jest: zielone, pstryk! czerwone?

– Żaba w sokowirówce!

– Jakie ryby mają największy pancerz?

– Ryby w puszce!

– Gdzie jest najwięcej żył?

– Na cmentarzu! (Żył 50 lat, żył 78 lat...)

– Dlaczego pingwin nie lata?

– Bo nie ma śmigła!

– Dlaczego maklerzy noszą czerwone szelki?

– Żeby im spodnie nie spadały!

– Jaki lekarz nie może poślubić swojej pacjentki?

– Weterynarz!

– Co to jest – im bardziej suszysz, tym bardziej mokre?

– Ręcznik!

– Co to jest: ma 22 nogi, 11 głów i 2 skrzydła?

– Drużyna piłkarska!

– Co to jest: pomarańczowe, potem zielone, niebieskie, czerwone, żółte...

– Nie wiem... Co?

– Też nie wiem, ale fajnie zmienia kolory!

– Co otrzymasz, jeśli skrzyżujesz mysz i otwieracz do konserw?

– Coś, co potrafi wyjąć ser z lodówki bez otwierania drzwi!

– Co to jest para wodna?

– Dwie rybki!

– Dlaczego orkiestra nie gra na moście?

– Bo most nie jest instrumentem!

– Jak się mówi: 4 razy 4 jest 12, czy są 12?

– Mówi się: 4 razy 4 jest 16.

– Jakie zwierzę jest na początku duże,
a potem staje się mniejsze i mniejsze?

– Skurczybyk!

– Co otrzymasz, jeśli skrzyżujesz owcę z ośmiornicą?

– Sweter z ośmioma rękawami!

– Co otrzymasz, jeśli skrzyżujesz doniczkę i małego człowieka?

– Rosnące dziecko!

– Co otrzymasz, jeśli skrzyżujesz dwa szkielety i kłótnię?

– Kość niezgody!

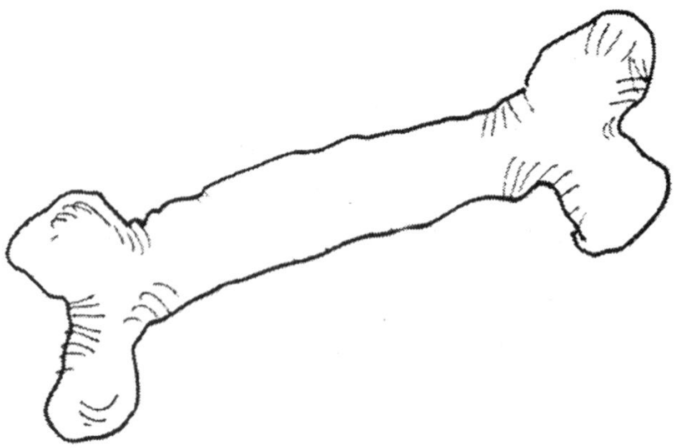

– Dlaczego słoń ma czerwone oczy?

– Nie wiem.

– Żeby się dobrze kryć w jarzębinie!

– Jak to? Nie widziałem nigdy słonia w jarzębinie!

– A widzisz, jak się dobrze schował!

– Po co słoń ma trąbę?

– Żeby się tak gwałtownie nie zaczynał!

– Co obija się o bardzo małe brzegi?

– Mikrofale!

– Co jest duże, czerwone i je kamienie?

– Duży czerwony pożeracz kamieni!

– Co jest zielone i ma żółte kółka?

– Trawa. Kłamałem z tymi kółkami!

– Co to jest: lata po pokoju i robi yzb, yzb, yzb...

– Mucha na wstecznym biegu!

– Co otrzymasz, jeśli skrzyżujesz płaszcz i ogień?

– Kurtkę!

– Co jest czerwone i jeździ z góry na dół
i z dołu do góry?

– Pomidor w windzie!

– Co otrzymasz, jeśli skrzyżujesz szkielet
z supermodelką?

– Ani grama tłuszczu!

– Dlaczego drzewka są mądre?

– Bo rosną w szkółkach!

– Co to jest: duże, żółte i dynda?

– Duże, żółte dyndadełko!

– Co otrzymasz jeśli spuścisz komuś na głowę żelazko?

– Ciężką wodę!

– Co otrzymasz, jeśli skrzyżujesz kałamarnicę z długopisem?

– Miękki pisak z ośmioma końcami, który sam sobie produkuje tusz!

– Co otrzymasz, jeśli skrzyżujesz żyrafę i psa?

– Coś, co podgryza koła nisko przelatujących samolotów!

– Co otrzymasz, jeśli skrzyżujesz dżdżownicę z jeżem?

– Drut kolczasty!

– Co to jest: różowe w środku, białe na zewnątrz i całe mokre?

– Świnia w wannie!

– Co otrzymasz, jeśli skrzyżujesz ducha i teatr?

– Fantomimę!

– Co otrzymasz, jeśli skrzyżujesz górę i czkawkę?

– Wulkan!

– Co otrzymasz, jeśli skrzyżujesz dziecko i węża?

– Grzechotkę!

– Co otrzymasz, jeśli skrzyżujesz owcę z silnikiem?

– Bee Bee Bee Bee Bee Bee Bee Bee...

– Co otrzymasz, jeśli skrzyżujesz krowę z żółwiem?

– Ciele w kasku!

– Jaka jest różnica między czarownicą
a czarodziejką??

– Jakieś 60 lat!

– Jakim ptakom zawsze brakuje oddechu?

– Puffinom!

– Co to jest: czerwone, zielone, czerwone, zielone, czerwone, zielone?

– Zepsuta sygnalizacja świetlna!

– Jaki jest ulubiony instrument muzyczny węży?

– Grzechotki!

– Jaka jest różnica między koniem a koniakiem?

– Taka sama jak między rumem a rumakiem!

– Co to jest: najpierw białe, a potem kolorowe i podskakuje?

– Czaszka w dyskotece!

– Ile czarownic potrzeba, aby zmienić żarówkę?

– Tylko jednej, ale zmieni ją w żabę!

– Co to jest: dużo brodawek i dużo piasku?

– Czarownica na plaży!

– Co to jest rok świetlny?

– Jest to rachunek za prąd otrzymany po 365 dniach!

– Jak nazywa się mężczyzna z workiem, długą białą brodą i sankami?

– Bjorn, najstarszy listonosz na Islandii!

– Dlaczego facet stracił pracę w fabryce pomarańczy?

– Nie potrafił się skoncentrować!

– Co otrzymasz, jeśli skrzyżujesz kosz na bieliznę i koszyk na zakupy?

– Człowieka jedzącego majtki!

– Co otrzymasz, jeśli skrzyżujesz chirurga i ośmiornicę?

– Doktornicę!

– Jak nazywa się mężczyzna z kowadłem na głowie?

– Kowalski!

– Co otrzymasz, jeśli skrzyżujesz kota z kretem?

– Kotowiska w ogrodzie!

– Jak nazywa się ryba, która zjadła 24 marchewki?

– Złota rybka!

– Jakich dwóch rzeczy nie możesz zjeść na śniadanie?

– Kolacji i obiadu!

– Jak nazwiesz sytuację, gdy kot, skacząc na dach szklarni, rozbija w niej połowę okien?

– Kot-astrofa!

– Jak nazywa się miejsce, gdzie papugi kręcą filmy?

– Pollywood!

– Jak nazywa się kobieta z kwiatami wyrastającymi jej z głowy?

– Róża!

– Co otrzymasz, jeśli skrzyżujesz nosorożca i kota?

– Bardzo zmartwione myszy!

– Co otrzymasz, jeśli skrzyżujesz kurę i ośmiornicę?

– Udko dla każdego na niedzielny obiad!

NA ROZRUSZANIE UMYSŁU

Siedzą dwa gołębie na gałęzi.
Jeden grucha, drugi jabłko.

– Jak poznać, czy twój braciszek zmienia się w lodówkę?

– Sprawdź, czy światło świeci za każdym razem, gdy otwiera buzię!

– Tato co to jest?

– To są czarne jagody synku.

– A dlaczego są czerwone?

– Bo są jeszcze zielone!

Płynie dwóch idiotów łódką. Jeden z nich pyta:
– Która godzina?

Drugi wyciąga termometr i mówi:
– Jutro poniedziałek.

Poszedł facet na zawody w baloniarstwie
i nieźle wypadł.

Wyjrzał żołnierz z okopu i coś mu do głowy strzeliło.

Siedzą dwa pampersy w więzieniu i jeden mówi:
spokojnie nic z nas nie wycisną!

Pyta się jeden facet drugiego:
– Czy ja gdzieś pana nie widziałem?

– Możliwe, ja tam często bywam.

– Siostro! Dlaczego nakłada pani gips na lewą nogę pacjenta, jeśli złamana jest prawa?

– Jestem początkująca, dlatego ćwiczę na lewej, żeby potem prawidłowo zagipsować prawą!

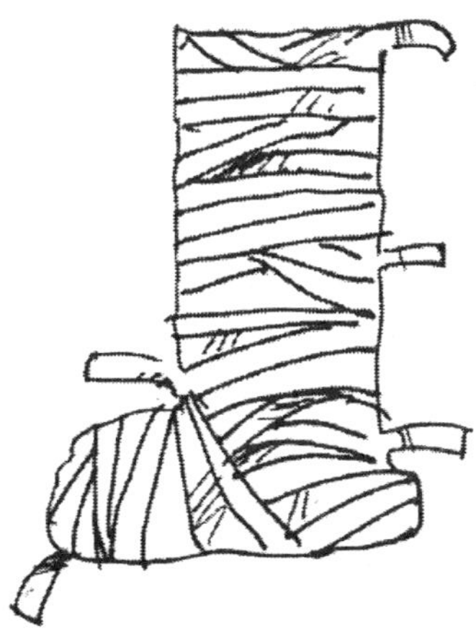

Facet chciał zostać drwalem. Poleciał do Kanady, kupił piłę łańcuchową i dostał pracę. Pod koniec pierwszego tygodnia ściął 100 drzew.

– To za mało – powiedział szef. – Oczekujemy przynajmniej 200 ściętych drzew na tydzień!

Facet pomyślał, że to robota nie dla niego i postanowił sprzedać piłę. Nabywca powiedział: – Chwileczkę, tylko ją przetestuję – i włączył silnik.

– Zaraz, jak się panu udało wydobyć z piły taki dźwięk? – spytał facet.

Przychodzi piłkarz do fryzjera i mówi:

– GOL!

– Kelner! W mojej sałatce jest mały robak!

– Ojej, zaraz każę kucharzowi przysłać większego.

Słyszałeś o skoczku na bungee, który poruszał się w dół i w górę przez trzy godziny zanim w końcu ściągnęli go na dół?

– W kieszeni miał jo-jo!

Śpi leśniczy w leśniczówce, nagle słyszy jakieś tupanie zza okna ... patrzy, a tam...

ścieżka biegnie do lasu...

Śpi leśniczy w leśniczówce, nagle słyszy pukanie do drzwi. Otwiera, patrzy...

a to mu praca efekty przyniosła!

Śpi leśniczy w leśniczówce, nagle słyszy
jakiś chrobot w szafie. Otwiera ją, patrzy...

a to garnitur wychodzi z mody.

Śpi leśniczy w leśniczówce, nagle słyszy strzały
w szafie. Otwiera ją...

a tam marynarka wojenna.

– Jaki to czas, gdy słoń siedzi na twoim płocie?

– Czas kupić nowy płot!

BEZSENSOWNE WYNALAZKI...

Kamuflaż dla patyczaków!

Jednorazowe torby na śmieci!

Kolorowe radio!

Niewidzialne światła drogowe!

Plastykowe torebki herbaty!

Wodoodporne mydło!

Ogniotrwała benzyna!

– Janie! Wytrzyj kurze!

– Tak jest, jaśnie panie. Której?

– Co robi się coraz większe, im więcej od tego ujmujesz?

– Dziura w ziemi!

– Dzień dobry, Panie Rzeźniku, czy ma pan świńskie gicze?

– Oczywiście!

– No to niech pan nosi większe buty, to nikt nie zauważy!

– Słyszałeś o punku, który się przewrócił, a za nim pięćdziesięciu innych?

– Zapoczątkował reakcję łańcuchową!

Dwóch facetów wypłynęło na środek jeziora na ryby i zaczęli łowić. Wyciągają piękne sztuki jedna za drugą, ale po pewnym czasie przyszedł wieczór i jeden z nich mówi:

– Słuchaj, musimy jutro wrócić w to miejsce, bo tu świetnie biorą ryby.

– Nie ma problemu – mówi drugi, poczym bierze kredę i na podłodze łódki maluje kółko.

Na to jego kolega:

– Co ty robisz?! Skąd wiesz, że jutro przypłyniemy tą samą łódką?

– Czy moje kierunkowskazy działają?

– Raz tak, raz nie...

– Jakie ciastka jedzą hydraulicy?

– Rurki!

– A górale?

– Karpatki!

– A stare dziadki?

– Pierniki!

– Co to jest: czarne, przynosi szczęście
i ma irokeza na głowie?

– Punk-kominiarz!

– Jakie zwierzę z dżungli możesz znaleźć
na biegunie północnym?

– Zgubione!

Rolnik narzeka do kolegi:

– Z powodu kwaśnych deszczy wyrosły mi ogórki kiszone!

– Co możesz złapać i wstrzymać, ale nigdy dotknąć?

– Oddech!

– Czy ten zegarek dobrze chodzi?

– Nie, trzeba go nosić!

– Pożycz mi sto złotych.

– Życzę ci stu złotych!

Idą dwie agrafki przez pustynię i jedna mówi:
– Gorąco mi

Na to druga:
– To się rozepnij!

– W jakie sposób spowodować, by katar nie przedostał się z głowy do klatki piersiowej?

– To bardzo proste – wystarczy zawiązać supeł na szyi!

– Co nosi na głowie niedźwiedź polarny?

– Czapę śniegu!

Na budowie idzie sobie robotnik i ciągnie wielki, ciężki łańcuch. Spotyka go kolega i pyta:

– Dlaczego ciągniesz ten łańcuch?

– A co, mam go pchać?

– Czego używają wampiry, żeby porozmawiać z rodziną?

– Terror-fonów!

– Czym się różni słoń od parawanu?

– Parawanem można zasłonić,
a słoniem nie można zaparawanić!

– Jak nazywa się australijski pies grający na perkusji?

– Dingo Starr!

– W czym niedźwiedzie piją mleko?

– W miśce!

– Jak stolarze czytają książki?

– Od deski do deski!

– Skąd się bierze rtęć?

– Z rozbitych termometrów!

– Dlaczego nikt niepowołany nie wejdzie na boisko piłkarskie?

– Bo pilnują go dwaj bramkarze!

– Dlaczego przestępca kupił deskę surfingową?

– Ponieważ chciał rozpocząć falę przemocy!

– Tato! Patrz dźwiedź!

– NIEDŹWIEDŹ synku.

– A taki podobny!

– Proszę pani! Pani pies goni jakiegoś faceta na rowerze!

– Niemożliwe! Mój pies nie umie jeździć na rowerze...

– Co to jest różniczka?

– Wyniczek odejmowanka!

– Jak się nazywa żona marynarza?

– Marynarka!

– Co należy zrobić, gdy kiszki grają marsza?

– Maszerować!

– Jak się nazywa mały Rosjanin?

– Mikrusek

– Czy mogę przymierzyć tę sukienkę na wystawie?

– Oczywiście, ale mamy też przymierzalnię.

–Co otrzymasz, gdy zostawisz łyżeczkę w herbacie?

– Ostry ból w oku, gdy pijesz!

Leżała gruba baba na plaży,
przyjechał Grennpeace i zepchnął ją do morza.

– Co to jest: waży dwie i pół tony, jest szare
i płynie wdzięcznie w powietrzu?

– Słoń na paralotni!

– Dlaczego w morzu jest woda?

– Żeby statki nie kurzyły przy hamowaniu.

– Po co ma żołnierz płaszcz?

– Po kolana!

– Czym antylopy smarują chleb?

– Gnutellą!

– Po czym poznać wesołego motocyklistę?

– Po muchach miedzy zębami!

– Co jest duże, szare i ma żółte nogi?

– Słoń stojący w musztardzie!

Mówi brudas do brudasa:

– Jak jeszcze raz będziesz wbijał gwoździe moimi skarpetkami, to ci połamię prześcieradło!

Pewien głupi ogrodnik z Mławy
garść nasion raz zjadł
dla zabawy.
Nie minęło dni wiele
– z ust wyrosło mu ziele,
a łeb cały pokryły mu trawy.

–Co to jest: jedna połowa jest zielona,
druga połowa niebieska?

– Żaba w dżinsach!

Mój pies często chodzi na włóczęgę w pobliskim lasku – ale włóczęgę zaczyna to już denerwować!

Przychodzi stonoga do szewca, a szewc na to:

– Ty mnie nie denerwuj!

– Jasiu, jak wygląda kaczka?

– Kaczka, proszę pani, wygląda oczami!

– Co to jest: powietrze otoczone żelazem?

– Rura!

– Dlaczego rolnik karmił świnie cukrem i octem?

– By otrzymać wieprzowinę słodko-kwaśną!

– Co jest szare i bardzo niebezpieczne?

– Słoń z granatem!

Jasio krzyczy do ojca:
– Tato, barometr spadł!

– O ile?

– O jakieś dwa metry...

– Po co ci szyba?

– Robię szybowiec.

– To już nie robisz czołgu?

– Nie, bo mi gąsienice zdechły!

– Jaka jest najzimniejsza część bieguna północnego?

– Nos badacza!

– Jaki insekt może przebywać pod wodą całymi godzinami?

– Pająk w łodzi podwodnej!

**Robiła babcia sweter na drutach.
Przejechał tramwaj i babcia spadła.**

**Idą sobie kaczuszki po moście:
pierwsza, druga, w pół do trzeciej...**

Idą dwa pingwiny przez pustynię i jeden mówi do drugiego:

– Popatrz, ale tu musiało być ślisko!

– Skąd wyjeżdża czołg?

– Czołg wyjeżdża znienacka!

Był jeden gość z Saratogi,
co bez przerwy uprawiał jogging.
Włosy miał jak spaghetti
i wyglądał jak yeti,
a do tego cuchnęły mu nogi.

Pyta się jeden facet drugiego:
– Czy ja gdzieś pana nie widziałem?

– Możliwe, ja tam często bywam!

– Gdzie można znaleźć szkielet prehistorycznej krowy?

– W muuuuu-zeum!

– Co mówi jeden piec do drugiego?

– Chciałbym wreszcie przestać palić!

– Myślę, że twój pies ma ochotę na mój obiad, tak podskakuje przy stole.

– Cóż, nie zjadł go, gdy mu go dałem dziś rano, więc teraz musi się obejść bez niego!

– Jaki napój produkują australijskie niedźwiedzie?

– Coca-Koalę!

– Jak synek wiedźmy słucha bajek?

– Jak zaczarowany!

– Jakie jest jedyne skuteczne lekarstwo na łupież?

– Wyłysieć!

– Jaka jest najwyższa forma życia zwierzęcego?

– Żyrafa!

– Co należy kupić, gdy zaczynają wypadać włosy?

– Dobry odkurzacz!

– Nowak, nie rób z siebie idioty!
To ja prowadzę lekcję, nie ty!

– Jaka jest różnica między gołębiem a zwłaszczą?

– Gołąb lubi siadać na oknie, a zwłaszcza
na parapecie!

– Jak się nazywa gryzoń, który potrafi
zamieniać metal w złoto?

– Alchomik!

– Dlaczego Robin Hood?

– Bo mało jadł!

– Jaką farbą strusie malują ściany?

– Emu-lsyjną!

– Czym się różni wróbel?

– Że ma jedną nóżkę bardziej!

– Jak się nazywa syn optyka?

– Synoptyk!

– Co to jest: leży w trawie i nie dycha?

– Dwie dychy!

– Dlaczego węże są najcierpliwszymi zwierzętami?

– Bo nigdy nie przestępują z nogi na nogę!

Baba w tramwaju zaczepia chłopaka:
– Ty to chyba jesteś Chińczykiem?

– No chyba pani żartuje.

– Eee, na pewno jesteś Chińczykiem.

– Nie, proszę pani.

– A może twoja mama jest Chinką?

– Nie, proszę pani, moja mama jest Polką.

– A może twój ojciec jest Chińczykiem?

– Nie, proszę pani, mój ojciec też jest Polakiem.

– Mimo wszystko ty chyba jesteś Chińczykiem.

– W porządku – niecierpliwi się chłopak – jestem Chińczykiem.

– No proszę! A wcale na Chińczyka nie wyglądasz!

– Która kura z wizytą poszła do lemura?
– To ta bura, która ma synalka gbura,
co nogami szura, oraz córkę silniejszą od tura.
Zamiast garnitura nastroszyła pióra,
w drogę poszła do lemura,
a rodzina do dziś szuka jej.

– Czy krokodyl jest bardziej długi czy zielony?

– Zielony, bo długi jest tylko od pyska do ogona,
a zielony jeszcze po bokach.

– Czym się różni żaba od najbardzieja?

– Żaba jest zielona, a najbardziej na twarzy!

– Dlaczego z owcą trudno się dogadać?

– Bo zawsze wszystko owija w baaawełnę!

– Dlaczego niedźwiedź chodzi w futrze?

– Bo jak by wyglądał w płaszczu przeciwdeszczowym?

– Co otrzymamy, kiedy wrzucimy książkę do rzeki?

– Słowotok!

– Dlaczego słoń jest jak nauczyciel?

– Połóż pinezkę na krześle słonia,
a szybko się przekonasz!

Wchodzi facet do sklepu i mówi:
– Poproszę blll ziemniaków.

– Czego dwa kilo?

– Co jest duże, szare, i dobrze liczy?

– Słoń z kalkulatorem!

Baca słyszy krzyki z podwórka:
– Czego tam?

– Bacoooo! Potrzebujecie drewna?

– Nieeee! Przecie mam!

Rano baca budzi się, wychodzi na podwórko, patrzy i mówi:
– O kurczę! Gdzie moje drewno?!

– Baco, gdzieście się tak nauczyli drzewo rąbać?

– Na Saharze.

– E, baco, kłamiecie! Przecież Sahara to pustynia...

– No, teraz to już pustynia!

– Czy cyklopy płacą pół ceny za abonament telewizyjny?

Siedzi sobie wrona na gałęzi na brzozie, a tu krowa zaczyna się wspinać na drzewo i siada obok wrony.

– Ej, krowa, po co tu przyszłaś? – pyta się wrona.

– A tak przyszłam sobie wisienek pojeść.

– Ale to jest brzoza, tu nie ma wisienek.

– Nie szkodzi, przyniosłam w słoiczku!

W sklepie mięsnym:

– Dzień dobry. Jest kiełbasa?

–Tak, jest. Beskidzka.

– Bez czego?

– Co to jest: okrągłe, brązowe, śmierdzi i gra?

– Krowi placek na adapterze!

W 2100 roku leżą nad brzegiem rzeki trzy krokodyle.

– Kiedyś byliśmy zielonego koloru – wspomina pierwszy.

– I umieliśmy pływać – dorzuca drugi.

– Starczy – otrząsnął się ze wspomnień trzeci – Lecimy zbierać miód!

– Dlaczego rzuciłaś pracę jako wróżka?

– Powiem ci prawdę, nie widziałam w tym przyszłości!

– Prosiłem o wegetariańską kiełbaskę,
a ta jest wołowa?!

– Ale krowa była wegetarianinem...

Pijak pyta się policjanta:
– Panie władzo, gdzie jest druga strona ulicy?

Policjant odpowiada:
– Tam.

Pijak na to:
– A jak byłem tam, to powiedzieli że tu!

Śpi leśniczy w leśniczówce, nagle budzi się
i słyszy kroki za oknem. Wstaje, patrzy...
a to przechodzi ludzkie pojęcie!

Szedł krawiec po lesie
i zaszył się w ciemnościach.

Leżą dwa śledzie na talerzu,
jeden zasłony a drugi firanka...

Idzie dwóch kolegów przez zamarznięte jezioro.
Nagle jeden mówi do drugiego:
– Uważaj, przerębel!!!

A ten drugi na to:
– Jaki przerębel-bel-bel-bel-bel...

Wsiada baba do autobusu i pyta się kierowcy:
– Panie, a jaki to autobus?

– Czerwony.

– No ale dokąd?

– Do połowy, dalej są szyby!

– Dlaczego Indianin nakładł bezdymnego opału do ogniska?

– Chciał wysłać tajną wiadomość!

Pukają sąsiadki do sąsiadki:
Puk puk.

– Kto tam?

– Sąsiadki.

– Nie ma siatek!

– Co ma piernik
do wiatraka?

– Tyle samo liter!

Pierwszy leopard:
– Hej, czy to nie facet
uprawiający jogging?

Drugi leopard:
– **Świetnie! Lubię szybkie
przekąski!**

– Co Miś Uszatek je na kolację?

– Pora na dobranoc!

– Dlaczego Miś Uszatek śpi na podłodze?

– Bo ma klapnięte uszko!

– Dlaczego Ala ma kota?

– Bo sierotka Marysia...

**Poszedł bezrobotny po chleb
i spotkał go zawód.**

Spotykają się dwa pączki i jeden chwali się drugiemu:
– Wiesz, wczoraj zdawałem na studia.

Ten słuchający pyta:
– I co, ciężkie były egzaminy?

– Oj, bardzo ciężkie, na uniwersytet, to bardzo, bardzo było trudno, uczyłem się, wiele osób odpadło.

– No, ale ciebie przyjęli?

– No co ty stary, pączka? Na studia?

– Kochanie, ile łyżeczek cukru
wsypać ci do kawy?

– Pięć, tylko nie mieszaj, bo nie lubię zbyt słodkiej.

Przychodzi facet do lekarza.

– Co się stało? – pyta lekarz.

Na to facet po cichutku:
– Panie doktorze, to ja, baba, tylko się tak przebrałam!

– Co to jest: duże, zielone, a jak spadnie z drzewa, to może zabić?

– Stół bilardowy!

– Poproszę rękawice dla mojego psa!

– Jakiej jest rasy?

– Bokser!

– Jak poznać, czy pasztet zajęczy jest rzeczywiście z zająca?

– Dąć komuś do spróbowania.
Jak zajęczy, to nie zajęczy,
a jak nie zajęczy, to zajęczy.

– Czy wiesz, ze niedawno w Polsce zginął chłop pijąc mleko?

– Krowa się na niego przewróciła!

– Co zrobił Sobieski po objęciu tronu?

– Usiadł na nim!

Co to jest lufa armatnia?

– Pręt powietrza oblany ołowiem!

Państwo w europie na K?

– Kowalscy!

Co to jest: chodzi po ścianie i gra?

– Mucha z walkmanem na uszach!

Co to jest autosugestia ?

– To jest sugerowanie sobie, że się ma auto.

– Co mówi dżem jak się go otwiera?

– Dżem dobry!

– Słyszałeś o tym mechanicznym pisarzu?

– Nazywał się Robot Louis Stevenson!

– Jakie były ostatnie słowa Tarzana?

– Kto posmarował smarem tę lianę?!

– Jak nazywają się zwierzęta, które żyją
i na lądzie i w wodzie?

– Marynarze!

**Jeden facet miał tak niskie mieszkanie,
że jadł tylko naleśniki.**

– Jak brzmi liczba mnoga od rzeczownika
„wagon"?

– Pociąg!

– Jak się nazywa kobieta tańcząca w balecie?

– Prima balerina.

A mężczyzna?

– Prima baleron!

– Dlaczego życie na ziemi jest takie kosztowne?

– Bo w koszty te wliczony jest bilet na podroż dookoła słońca...

– Dlaczego poduszka powietrzna domowej roboty nie zapobiegła złamaniu nosa idioty?

– Nie miał wystarczająco dużo czasu by ją napompować!

– Czym różni się kura od ucznia?

– Kura znosi jajko przez minutę, a uczeń musi znosić szkołę przez 6 godzin dziennie!

– Dlaczego psy australijskie są najszybszymi psami na świecie?

– Bo w Australii odległości pomiędzy drzewami są ogromne!

– Dlaczego słonie nie używają komputerów?

– Ponieważ boją się myszy!

Jak najłatwiej zabić strusia?

– Przestraszyć go na betonie!

– Czy akumulator może zabić człowieka ?

– Zależy z jakiej spadnie wysokości!

Małe, białe, okrągłe i pędzi?

– Tabletka przeczyszczająca!

– Z czego składa się pies wojskowy?

– Pies wojskowy składa się z psa właściwego, smyczy łączącej i prowadzącego!

– Z czego składa się strzelec?

– Strzelec składa się ze strzelca właściwego, karabinu i okopu!

– Z czego składa się łyżka?

– Z drążka prowadzącego i komory zupnej!

Przychodzi baba do lekarza z pługiem w plecach,
a lekarz na to:

– Ooo rzesz ty!

– Dlaczego słonie są złymi tancerzami?

– Ponieważ mają dwie lewe nogi!

– Czy wiesz, dlaczego słonie trąbią?

– Bo mają trąby!

– A nie! Bo nie potrafią grać na fortepianie!

– Czym się rożni saper od elektryka?

– Właściwie to niczym, bo i saper i elektryk mylą się tylko raz...

...ale elektryk jeszcze przed śmiercią zatańczy!

– Co otrzymasz ze skrzyżowania krowy i potwora?

– Straszną muuuuutację!

– Gdzie powinno się wysłać jednonogiego, niedowidzącego człowieka?

– Do hoptyka!

– Co robią koszykarze, kiedy nie grają w koszykówkę?

– Chodzą do kina i siadają przed nami!

– Dlaczego biedny pies biegał w kółko?

– Starał się związać koniec z końcem!

– Dlaczego skarbonka jest ciągle zdenerwowana?

– Bo każdy jej wciska swoje trzy grosze!

– Dlaczego papuga trafiła do więzienia?

– Była niebieskim ptakiem!

– Dlaczego facet skakał po wzięciu lekarstwa?

– Zapomniał wstrząsnąć go przed użyciem!

– Jak trzymać głupka w niepewności?

– Powiem ci jutro!

– Co jest najczerwieńsze w Boże Narodzenie?

– Nos Rudolfa!

– Dlaczego goryle mają duże dziurki w nosie?

– Bo mają duże palce!

– Kiedy dwa i dwa daje więcej niż cztery?

– Gdy daje dwadzieścia dwa!

– Dlaczego Rzymianie budowali proste drogi?

– Nie chcieli, by kłokolwiek czaił się za rogiem!

– Proszę się zatrzymać! To droga jednokierunkowa!

– Przecież jadę tylko w jednym kierunku?

– Tak, ale wszyscy inni poruszają się w przeciwnym!

– Przecież to pan jest policjantem – proszę im powiedzieć, by zawrócili!

Trzydziestu ludzi schowało się pod jednym parasolem.

– Ilu z nich zmokło?

– Żaden – nie padało!

– Dlaczego tygrysy w ogrodzie zoologicznym mieszkają w klatkach?

– Bo w akwarium by się potopiły!

– Kelner! Co robi martwa mucha w mojej zupie?

– Za taką cenę niech pan nie oczekuje żywej!

– Ile potworów potrzeba, żeby wypełnić ten pokój?

– Nie mam pojęcia. Po pierwszym już by mnie tu nie było!

– W jakiej bitwie zginął Aleksander Wielki?

– W swojej ostatniej!

– Dlaczego wiele sławnych artystów jest Francuzami?

– Bo urodzili się we Francji!

– Jak nazwać kobietę z pistoletem w dłoni?

– Jak sobie tylko będzie życzyć, byleby jej nie rozdrażnić!

Przychodzi baba do weterynarza, a ten mówi:

– Chyba się pani coś pomyliło?!

Mały wąż: – Tato, czy my jesteśmy jadowici?

Tata wąż: – Nie synku, dlaczego pytasz?

Mały wąż: – Bo właśnie ugryzłem się w język!

– W jaki sposób możesz spowodować,
by głupek śmiał się w sobotę?

– Powiedz mu kawał we środę!

– Mam dać psu kawałek mojego ciasta?

– Nie, nie chciał go, gdy mu wcześniej dawałem!

– Czy zawsze musisz mieć dziury w skarpetkach?

– Gdybym nie miał, jak bym w nie wsadził nogi?

– Dlaczego żyrafa ma taką długą szyję?

– A wąchałeś kiedyś nogi żyrafy?

– Co mówi „teraz mnie widzisz, a teraz nie"?

– Zakonnica na przejściu dla pieszych!

– Dlaczego śnieg pada w zimie?

– Bo latem jest za ciepło!

– W jaki sposób można przyrządzić kurczaka, by naprawdę łaskotał kubki smakowe?

– Zostawić na nim pióra!

– Kelner – gdzie jest moja kanapka ze słoniem?

– Przepraszam pana, zapomniałem!

Przychodzi szkielet baby do lekarza.
Po długim badaniu pyta:
– Panie doktorze, czy to coś poważnego?

– Jeszcze nie wiem, musimy zrobić prześwietlenie!

Przychodzi baba do lekarza, a lekarz:
– Mieszka pani koło stadionu,
nie przeszkadza to pani?

– NIE, NIE, NIE NIE NIE, NIE NIE NIE NIE, NIE NIE !!!

Przychodzi baba do lekarza z liśćmi dębu na głowie.

– A co pani tak zdębiała?

Idzie sobie turysta polaną w górach i widzi bacę, który pasie owce. Czarne i białe.
No i turysta się go pyta:
– Baco, ile mleka dają te owce?
– Ano białe czy czarne?
– No, wszystkie.
– Białe dwa litry.
– A czarne?
– Też dwa litry.
– A ile trawy jedzą?
– Białe czy czarne?
– No, wszystkie.
– Białe trzy kilo.
– A czarne?
– Też trzy kilo.
Rozmawiają tak z piętnaście minut i okazuje się, że białe owce nie różnią się niczym innym niż kolor wełny. Wreszcie zdenerwowany turysta pyta się jeszcze raz:
– No to czemu, baco, je tak rozróżniacie?
– Ano białe owce są moje.
– A czarne czyje?
– Ano też moje.

ZWIERZĘTA

Co jest najgorsze w byciu stonogą?

Mycie rąk przed posiłkiem!

– Kotka udrapała mnie w nogę!

– Posmarować ci ją maścią?

– Jak? Pewnie jest już o całe kilometry stąd!

– Kelner! Ten krab ma tylko jedne szczypce!

– Przepraszam pana, musiał brać udział w walce!

– W takim razie proszę podać mi zwycięzcę!

– Panie doktorze! Wydaje mi się, że jestem kotem!

– Od kiedy się pan tak czuje?

– Od kociaka!

– Co mam zrobić, zgubiłem kota!

– Spróbuj dać ogłoszenie do lokalnej gazety!

– Nie bądź głupi, on nie umie czytać!

Dlaczego kraby kiwają się na boki?

Musiały wziąć jakiś lek, który wywołuje efekty uboczne!

Pierwsza krowa:

Boisz się tej choroby wściekłych krów?

Druga krowa:

E tam, przecież jestem Napoleonem Bonaparte!

Jak odróżnić słonia afrykańskiego od indyjskiego?

Zajrzyj im w paszporty!

Co otrzymasz ze skrzyżowania węża i magika?

Abra-ka-kobra!

Co takiego posiadają łasice,
czego nie posiadają inne zwierzęta?

Małe łasiczki!

Jak trzymać muchy z daleka od kuchni?

Umieść kupę nawozu w pokoju!

Ilu owiec potrzeba, by zrobić wełniany sweter?

Nie wiedziałam, że owce potrafią robić na drutach?

Co otrzymasz, jeśli położysz wieloryba do łóżka?

Mokre prześcieradło!

Nie możesz trzymać świni w pokoju,
co z okropnym zapachem?

Nie martw się, świnia się przyzwyczai!

Dlaczego twój pies warczał na mnie
przez cały obiad?

Nie lubi, jak ktoś je z jego talerza!

Kiedy jest najbardziej prawdopodobne,
że bezpański kot wejdzie do twojego domu?

Gdy zostawisz otwarte drzwi!

Mmm! Ten chleb jest pyszny i ciepły!

Powinien być, kot siedział na nim całe popołudnie!

Gdzie śpi papuga z sześcioma nogami?

Gdzie tylko chce!

Czy to buldog?

Nie, to labrador, tylko wpadł na ścianę goniąc kota!

Gdzie udają się krowy, gdy chcą trochę kulturalnej rozrywki?

Na muuuuu-zikale!

Co otrzymasz ze skrzyżowania hipopotama i wróbla?

Wielkie dziury w dachu!

Co krótkowzroczny jeż powiedział do kaktusa?

Oh! Tu jesteś mamo!

Co otrzymasz ze skrzyżowania krowy i kangura?

Coś, co żeby wydoić, potrzebujesz trampoliny!

Słyszałeś o głupim farmerze, który zabrał krowy na biegun północny, bo chciał otrzymać lody?

Co mówisz do żaby podróżującej autostopem?

Wskakuj!

W Wigilię małżeństwo wygląda przez okno, wypatrując pierwszej gwiazdki. Nagle spostrzegają coś, co niespiesznie zbliża się ku nim po niebie.

– Czy to burza śnieżna? – pyta żona.

– Nie, to chyba renifer!

Co robisz, gdy słoń siada przed tobą w kinie?

Przegapiasz film!

Co jest zielone i białe i skacze?

Uciekająca kanapka z żaby!

Dlaczego niedźwiedzie noszą futra?

Dlatego, że niełatwo jest dostać płaszcz przeciwdeszczowy takich rozmiarów!

Gdzie jest najgorętsze miejsce w dżungli?

Pod gorylem!

Co należy zrobić z zielonym słoniem?

Poczekać aż dojrzeje!

Co mówi: muuu, hau, bee, miau i kwa?

Owca ucząca się języków obcych!

Gdzie można znaleźć Marsjanina dojącego krowę?

Na drodze mlecznej!

Co otrzymasz ze skrzyżowania świni i stonogi?

Bekon z nogami!

Dlaczego flamingi podnoszą jedną nogę?

Bo jakby podniosły obie, to by się przewróciły!

Gdzie lwy mają dwanaście nóg?

Gdzie jest ich trzy!

Jak można uzyskać jajka bez kur?

Hodując kaczki i gęsi!

Co krowy jedzą na śniadanie?

Muuuu-sli!

Dlaczego zebra stanęła na czele
całej armii w dżungli?

Miała najwięcej pasków!

Co to jest: śmierdzi i nie ma poczucia humoru?

Martwa hiena!

Jak możesz podróżować po dżungli z prędkością 120 kilometrów na godzinę?

Wewnątrz geparda!

Co się stanie, jak dasz myszy parmezanu?

Twój komputer będzie śmierdział!

Co otrzymasz ze skrzyżowania dziecka
z jeżozwierzem?

Wiele problemów przy zmienianiu pieluchy!

Do czego przydaje się owcza skóra?

Do trzymania owcy tam, gdzie być powinna!

Kiedy powinno wymienić się wodę w akwarium?

Gdy rybki wypiją poprzednią!

Młody tygrys po raz pierwszy w życiu bierze udział w cyrkowym pokazie tresury. Zaciekawiony pyta matkę:

– Kto tam siedzi?

– To są widzowie. Ale ich nie musisz się bać, przecież widzisz, że wszyscy są za kratami.

W nadmorskim kurorcie panika. Wszyscy się pochowali, bo z cyrku uciekły dwa lwy. Poszły na plażę, usiadły nad brzegiem morza i jeden z nich mówi:

– Zupełnie nie rozumiem tych ludzi. Pełnia sezonu, a tu ani żywej duszy!

– Jakie jest ulubione powiedzenie rekina ludojada?

– Człowiek z natury jest dobry.

Jedna jaskółka mówi do drugiej:
– Dzisiaj będzie padał deszcz.
– Dlaczego tak sądzisz?
– Bo ludzie mówią, że nisko latamy.

Leci nietoperz przez las. Nagle TRAAACH! Wpada na drzewo. Podnosi się, otrzepuje i gada sam do siebie:
– Przez tego walkmana to ja się kiedyś zabiję!

Leci wrona przez las i drze się:
– KRRRAAAA! KRRRAAAA! KRAAAAA!
Nagle – trrach! Wpada na drzewo, osuwa się w dół, wstaje i mówi:
– Kokoko? Ćwir, ćwir? Jak to było?

Rozmawiają dwie kury.
– Gdzie twój mąż, cały dzień go nie widziałam!

– A, grzebie przy samochodzie!

Rozmawiają dwie panie robakowe:

– Gdzie twój mąż? – pyta jedna.

– A, wyciągnęli go na ryby.

Dwa ślepe konie rozmawiają:
– Co byś powiedział na wielki bieg z przeszkodami?

– Nie widzę przeszkód.

Dwa nietoperze wiszą sobie na gałęzi
do góry nogami i patrzą na trzeciego, który stanął:

– Zobacz, – mówi jeden do drugiego, – on chyba zemdlał!

– Gdzie twoja skorupka? – pyta żółw
młodego żółwika bez pancerza.

– Zwiałem z domu!

W ogrodzie zoologicznym zwiedzający
pyta dozorcę:
– Kiedy pan będzie karmić małpy?

– A co, jest pan głodny?

Dwóch właścicieli psów kłóci się,
czyj pies jest mądrzejszy:
– Mój pies zawsze jak wraca do domu
dzwoni do drzwi – mówi jeden.

– Mój nie musi – odpowiada drugi.
– Ma własny klucz.

– Zajączku, dlaczego masz takie krótkie uszy?

– Bo jestem romantyczny.

– Nie rozumiem...

– Wczoraj siedziałem na łące i słuchałem
śpiewu słowika. Tak się zasłuchałem,
że nie usłyszałem kosiarki...

INNE

Baba w sklepie pyta się:
– Przepraszam, czy mogę przymierzyć tę sukienkę na wystawie?

Na to sprzedawczyni:

– Bardzo proszę, ale mamy też przymierzalnię.

Podczas przedstawienia w cyrku wybuchł pożar. Wszyscy biegają w panice, wołając: „Ratunku, pożar!", tymczasem z boku stoi spokojnie jakiś facet i mówi:

– Jestem dyrektorem cyrku. Proszę zachować spokój, za chwilę wystąpi połykacz ognia!

Dyrektor cyrku dał do gazety ogłoszenie następującej treści:

„Poszukujemy odważnego mężczyzny, który z masztu wysokości piętnastu metrów z zawiązanymi oczami wskoczy do szklanki. Nie musi umieć nurkować, szklanka będzie pusta".

Hipnotyzer w cyrku wskazuje na jednego z widzów i mówi do publiczności:

– A teraz zahipnotyzuję tego pana i każę mu zapomnieć wszystkie niemiłe sprawy.

– Nie! – krzyczy mężczyzna z trzeciego rzędu. – On jest mi winien 500 złotych.

Przez wieś jadą wozy cyrkowe. Nagle do uszu jadących cyrkowców dochodzi przeraźliwy wrzask. Na podwórku, obok jednej z chałup jakiś chłop podskakuje w górę na wysokość komina, robi podwójne salto i spada na ziemię. Z jednego z wozów cyrkowych wybiega dyrektor cyrku.

– Panie, widownia będzie zachwycona! Angażuję pana! Za jeden taki skok podczas przedstawienia dostanie pan pięćset złotych!

– Eee, tam... Za pięćset złotych nie będę się co wieczór walił siekierą w nogę...

W pewnej wędrownej trupie cyrkowej magik wyczarowywał z kapelusza jajka, kurę oraz koguta. Wkrótce trupa rozleciała się. Po kilku miesiącach bezrobotny magik otrzymał list z propozycją występów w innym cyrku. Odpisał:

„Za późno. Numer zjedzony".

Cyrkowy magik po swoim kolejnym popisie oznajmia widzom:
– Za chwilę sprawię, że zniknie jedna z obecnych tu kobiet.

Z ostatniego rzędu słychać męski głos:

– Maryśka, zgłoś się na ochotnika!

Fakir wracając od lekarza spotyka dyrektora cyrku.
– I co powiedział panu lekarz?

– Mam jakąś chorobę żołądka, od dziś muszę przestrzegać diety. Wolno mi łykać tylko tłuczone szkło. Ale o gwoździach i szablach przez najbliższy miesiąc nie może być mowy!

Na cyrkowej arenie odbywa się mrożący krew w żyłach numer: artysta chwyta za grzywę największego lwa, wkłada swą głowę do jego paszczy, a potem jak gdyby nigdy nic wyciąga z kieszeni włóczkę i zaczyna robić na drutach. Po jakimś czasie wyjmuje swą głowę z paszczy lwa i pokazuje publiczności zrobiony na drutach szalik. Publiczność jest zachwycona, na arenę sypią się kwiaty.

– Dziękuję – mówi artysta. – A może ktoś z państwa potrafiłby to zrobić?

Z trzeciego rzędu wstaje jakaś babcia i woła:

– Ja! Z włóczki nie takie rzeczy już robiłam!

Przychodzi facet do fryzjera i siada w fotelu. Podchodzi do niego mały Jasio z brzytwą w ręku. Facet przerażony krzyczy do kierowniczki:

– Proszę pani! Nie życzę sobie, aby ten maluch mnie golił!

– Niech mu pan pozwoli! Tak mnie prosił... Przecież dziś jest Dzień Dziecka!

Porucznik pyta szeregowca:

– Kowalski, jesteście w wojsku szczęśliwi?

– Tak jest, obywatelu poruczniku!

– A co robiliście wcześniej?

– Byłem znacznie szczęśliwszy!

Kowalska szyje sukienkę na maszynie, a mąż stoi nad nią i krzyczy:

– Teraz w lewo! Jeszcze bardziej! Prosto! Uważaj, nie za szybko! Przecież ty nie umiesz szyć!

– Po co te twoje głupie komentarze?

– Chciałem ci tylko pokazać jak się czuję, gdy jedziemy razem samochodem...

Kowalski wpada do księgarni i sapiąc, pyta sprzedawcę:

– Czy to pan sprzedawał wczoraj mojej żonie książkę kucharską?

– Ja, a co się stało?

– Zaraz pan się dowie! Idziemy do mnie na obiad!

Kowalski pyta wróżkę:

– Co będę robił po śmierci?

– Będziesz sędzią hokejowym.

– Kim? Przecież ja nawet nie umiem jeździć na łyżwach!

– To się ucz! Jutro prowadzisz pierwszy mecz.

Pani Kowalska mówi do koleżanki:

– Wczoraj mój mąż był u lekarza i ten zalecił mu palić najwyżej pięć papierosów dziennie.

– I co, pali mniej, niż wcześniej?

– Ależ skąd, on wcześniej w ogóle nie palił!

Kowalski pyta kolegę:

– Jak tam twój nowy samochód?

– Zachowuje się jak pies.

– Nie rozumiem...

– Mniej więcej przy każdej latarni staje.

Kowalski chwali się sąsiadce:

– Mój syn otrzymał główną rolę w filmie!

– Niemożliwe, przecież on jest taki brzydki.

– Możliwe! Będzie grał tytułową postać w filmie o Frankensteinie!

Kolega mówi do kolegi:

– Wiesz chciałbym być myszą.

– Dlaczego akurat myszą?

– Bo teściowa boi się myszy.

Szeregowy Malinowski zgłasza się do lekarza:

– Coś cię boli?

– Tak, ucho środkowe.

– Bzdury gadasz, Malinowski! Ucho jest albo lewe albo prawe.

Profesor na sali wykładowej zwraca się do Jasia:

– Kowalski, dlaczego śpisz podczas wykładu?

– Wcale nie śpię Panie profesorze.

– W takim razie powtórz moje ostatnie zdanie.

– „Kowalski, dlaczego śpisz podczas wykładu?"

Nowy pracownik w zakładzie pogrzebowym dostał swoje pierwsze zadanie: szef kazał mu napisać na blaszanej tabliczce: „Świętej pamięci Kowalski żył 65 lat. Pokój jego duszy".

Po godzinie szef pyta:

– Jak ci idzie?

– Powolutku. Nie tak łatwo wkręcić blaszaną tabliczkę w maszynę do pisania.

Dzwonek do drzwi. Kowalski otwiera i widzi śmierć z kosą. Kolana się pod nim uginają, ręce zaczynają się trząść... Śmierć, która to zauważyła, mówi:

– Nie pękaj, przyszłam po twojego kanarka.

Żona Kowalskiego wbiega do szpitala i pyta:
– Mojego męża przejechał walec, w którym on leży pokoju?!!!

A lekarz odpowiada:

– 23, 24, 25.

Komisja wojskowa.

– Kowalski, do jakiej formacji chcielibyście wstąpić?

– Do marynarki.

– Pływać umiesz?

– A co, okrętów nie macie?

Kowalski poszedł do księgarni i pyta:

– Czy dostane książkę pod tytułem „Mężczyzna panem domu"?

– Niestety, nasza księgarnia nie prowadzi bajek.

Sławny profesor chirurgii z Genewy pyta doktora Frankensteina:

– Twój służący mówił mi, że potwór którego stworzyłeś zaczął w zeszłym miesiącu uczyć się grać na skrzypcach. Jak mu to idzie?

– Całkiem nieźle. Wczoraj mogłem wreszcie wyjąć sobie watę z uszu!

Potwór Frankensteina poszedł na spacer do lasu i tam zatruł się grzybami. Doktor Frankenstein po wyjęciu mu starego żołądka i wszczepieniu nowego, przestrzega go:

– Następnym razem jak pójdziesz do lasu, masz jeść tylko te grzyby, które znasz!

– Ale ja znam tylko muchomory!

Dzieci podchodzą do hrabiego spacerującego po parku i wskazując na zamek, pytają:

– Czy pan mieszka w tym zamku?

– Tak.

– A czy tam nie ma żadnego straszydła?

– Nie ma. Jestem jeszcze kawalerem.

Hrabia został ambasadorem Polski w Londynie. Dwa lata później baronowa pyta go:

– Czy dużo trudności sprawia panu hrabiemu język angielski?

– Mnie – nie. Anglikom – tak.

Do pokoju hrabiego wchodzi lokaj i mówi:

– Panie hrabio, znowu przyszedł ten żebrak, który twierdzi, że jest pana bliskim krewnym i że może tego dowieść.

– To chyba jakiś idiota?

– Ja też tak pomyślałem, ale to jeszcze nie dowód!

Hrabia do Jana:

– Janie, idź podlej kwiaty w ogrodzie.

– Ale przecież pada deszcz.

– To weź parasol.

– Janie!

– Słucham Pana.

– Czy możesz przysunąć tu fortepian?

– Tak Panie. Będzie Pan grał?

– Nie, ale zostawiłem tam cygaro.

Hrabia czyta gazetę.

– Janie, czy tramwaje jeżdżą po dachach?

– Nie, panie hrabio, tramwaje jeżdżą po szynach na ziemi.

– No to dlaczego tutaj napisali, że tramwaj zabił kominiarza?

Hrabia kąpie się w morzu. W pewnym momencie zaatakował go rekin. Krzyczy więc do wiernego sługi:

– Janie, podaj nóż!

Jan z oburzeniem:

– Panie Hrabio, do ryby z nożem?!

Hrabia pyta Jana:

– Janie, czy nasz telewizor ma metalowe drzwiczki?

– Nie, panie hrabio!

– A niech to! W takim razie przez cały wieczór patrzyłem w kominek!

Hrabina pyta sługi:

– Janie, co robi Hrabia?

– Leży i nie oddycha.

Na to hrabina:

– A tak, on zawsze był leniwy.

Antek radzi się agronoma:
– Mówią, że nawóz sztuczny jest lepszy od naturalnego. A pan jak uważa?

– Trudno powiedzieć, to rzecz smaku.

Małgosia mówi do Jasia:

– Wczoraj widziałam w lesie krasnoludka, który stał na głowie i pił kozie mleko. Nie wydaje ci się to dziwne?

– To rzeczywiście dziwne, bo niby skąd w lesie wzięło się kozie mleko?

Klient zwraca się do kelnera:

– Miesiąc temu jadłem tutaj doskonałą pieczeń. Proszę o taką samą.

– Niech szanowny pan chwilkę poczeka. Zapytam w kuchni, czy jeszcze jej trochę zostało!

Facet pyta strażaka:

– Dlaczego już pan odjeżdża? Przecież jeszcze pan nie ugasił całego pożaru!?

– Niech pan z pretensjami zgłasza się do mojego komendanta! Ja chciałem pracować na całym etacie, a on dał mi tylko pół...

Po zademonstrowaniu swych umiejętności kandydatka na śpiewaczkę pyta profesora:

– Czy mój głos ma jakieś szanse?

– Oczywiście! Na przykład, gdy wybuchnie pożar!

Wysoko w powietrzu spotykają się dwa płatki śniegu. Pierwszy pyta:

– Gdzie lecisz?

– Lecę w Tatry, na skocznię narciarską.

– A ja na autostradę, zrobię jakiś karambol samochodowy!